AU CŒUR D'UNE ADMINISTRATION DOUANIÈRE AFRICAINE

Collection « Études africaines »

dirigée par Denis Pryen et son équipe

Forte de plus de mille titres publiés à ce jour, la collection « Études africaines » fait peau neuve. Elle présentera toujours les essais généraux qui ont fait son succès, mais se déclinera désormais également par séries thématiques : droit, économie, politique, sociologie, etc.

Dernières parutions

Thalès DJIMRASSEM et Reoular NDIGMBAYEL, *Pour une éducation à la paix et au développement au Tchad,* 2020.

Firmin Marius Olivaint NYAMA (coord.), *La violence au Gabon*, 2020.

Jose Do NASCIMENTO, *La pensée politique de Cheikh Anta Diop,* 2020.

Giscard Kevin DESSINGA, *Démocraties au four et au moulin, Alternance et conflits électoraux,* 2020

Roger NDONA KAYAMBA, *La production agricole dans la Province du Kwilu (RDC)*, 2020.

Georges Moussavou, *Organisation et système universitaire au Gabon. Sociologie des processus et systèmes institutionnels*, 2020.

Abdoulaye Wotem SOMPARÉ, *L'énigme d'Ebola en Guinée. Une étude socio-anthropologique des réticences*, 2020.

Arsène Francoeur NGANGA et Roland Christian MBINDA-NZAOU, *Peuples et civilisations kongo dans le sud du Gabon*, 2020.

Sylvain OBAME, *Gabon : la réforme administrative sans la réforme de l'État,* 2020.

Bernadette Clara Alvine AYO MBARGA, *La mission de la femme dans le processus de réconciliation*, 2020.

Brice POREAU, *Rwanda : une ère nouvelle. Comprendre le travail de reconnaissance (nouvelle édition)*, 2020.

Holy HOLENU MANGENDA, *Kinshasa. Urbanisation et enjeux écologiques durables*, 2020.

Olo Sib Palé

Au cœur d'une administration douanière africaine

Douane en action

Préface d'Issa Coulibaly

L'Harmattan

5-7, rue de l'École-Polytechnique, 75005 Paris

http://www.editions-harmattan.fr

ISBN : 978-2-343-20647-9
EAN : 9782343206479

PREFACE

« Qu'avez-vous à déclarer ? ». C'est la question à laquelle, partout dans le monde, le voyageur est invité à répondre dès son accès au poste de douane.

Cette « simple » interrogation qui relève de l'évidence pour le douanier, constitue pour le voyageur un motif d'appréhensions et d'interpellation, d'autant que la compréhension même de la question ainsi que sa pertinence et sa légitimité ne semblent pas a priori établies dans la conscience des citoyens. Cette appréhension est encore plus vive chez les voyageurs de nos pays en développement où l'incivisme et le déficit de culture fiscale se le disputent.

Dans ce contexte, on comprend aisément les appréhensions, l'agacement, voire la défiance du voyageur qui se demande toujours : « *Que devrais-je avoir à déclarer ?* » « *A qui devrais-je le déclarer et en vertu de quoi devrais-je le déclarer ?* »

Ainsi, le lecteur découvrira, au fil des pages de cet ouvrage, l'une des plus anciennes administrations de la Côte d'Ivoire : l'administration des douanes. En effet, plus que centenaire, cette administration héritée de l'époque coloniale, avec les Comptoirs de Grand Bassam, de Grand Lahou et de Sassandra, existe bien avant l'indépendance de notre pays. Elle reste cependant, à maints égards, méconnue du grand public et parfois des pouvoirs publics qui n'en ont qu'une perception réductrice, très souvent confinée dans sa seule mission fiscale.

Et pourtant, dans le système de globalisation, où les frontières pourraient paraitre comme des « tracés virtuels », matérialisées par la présence douanière, la place et le rôle des Administrations des Douanes sont plus qu'essentiels pour la libre circulation des personnes, des biens et services.

Instruments de régulation des échanges inter Etats, les services douaniers sont en première ligne dans les stratégies de construction et d'établissement d'espaces communautaires visant à favoriser une parfaite intégration socio-économique et à garantir un écosystème d'échanges commerciaux encadrés et équilibrés. Ils sont également, au plan national, l'outil essentiel de mobilisation des recettes financières issues des échanges commerciaux.

De ce double point de vue, l'Administration douanière mérite d'être mieux connue de tous, citoyens ou usagers, pour, à la fois, mieux assumer ses missions nationales et relever avec plus d'efficacité les défis qu'impose la mise en œuvre de la Zone de Libre Echange Economique Continentale Africaine (ZLECAF). C'est à ce prix que l'Administration des Douanes pourra rassurer populations et acteurs économiques de sa capacité à répondre à leurs préoccupations et à mettre à leur service les leviers indispensables au développement et à la protection de leurs activités, ainsi qu'à la libre circulation des personnes, des services et des biens dans un environnement sécurisé.

C'est dans cette perspective, et pour traiter des enjeux subséquents, que **Olo Sib PALE** propose « *Au cœur d'une administration douanière africaine* ».

Cet ouvrage, résultat d'une expérience professionnelle riche et variée, permet aux lecteurs de pénétrer l'univers douanier et de comprendre son organisation, ses missions, ses procédures ainsi que tous les fantasmes dont les douaniers sont objet. Il expose également les avantages et opportunités offerts au citoyen dans sa collaboration avec les services de douanes.

Cette heureuse initiative de ce haut fonctionnaire des douanes reste un bréviaire utile à la connaissance des services des douanes pour favoriser chez les usagers une perception améliorée et une culture fiscale bien comprise.

Général Issa COULIBALY
Officier Général des Douanes
Ministre de la Fonction Publique
Ex Directeur Général des douanes ivoiriennes
Ex-Président de la 21ème Conférence des Directeurs Généraux des Douanes de la Région Afrique de l'Ouest et du Centre de l'O.M.D

AVANT-PROPOS

Même si leur implication ne paraît pas évidente, les services douaniers sont, en réalité, au cœur des grands enjeux actuels. En témoignent les Accords de partenariat économique (APE), accords commerciaux visant à développer le libre-échange entre l'Union européenne et les pays ACP[1] et dont la suppression réciproque des droits de douane sur les produits respectifs en constitue le fondement. Il en est de même de l'African Growth and Opportunity Act (AGOA), qui octroie une exonération des droits de douane à la quasi-totalité des produits exportés vers les États-Unis par les pays bénéficiaires d'Afrique subsaharienne. Qui n'a pas souvenance de cette actualité récente, marquée par des décisions commerciales de l'Administration américaine à l'égard de certains de ses partenaires, notamment la Chine, et qui a fait craindre ce que la presse a qualifié de « guerre commerciale » ?

« Les États-Unis et la Chine ont tiré vendredi les premières salves de la guerre commerciale qu'ils se livrent. Des taxes douanières imposées de part et d'autre sur des dizaines de milliards de dollars de marchandises entrent ainsi en vigueur, malgré les mises en garde alarmistes et la nervosité des marchés[2]. »

Cette « guerre commerciale », qui aux dires du Fonds monétaire international (FMI) aurait eu des conséquences graves sur l'économie mondiale, tant la menace était forte et palpable n'était, en définitive, qu'une affaire de taxation douanière. La douane, de ce point de vue, est un instrument stratégique aux mains des pouvoirs publics qui

---

[1] ACP : Afrique, Caraïbes et Pacifique.

[2] https://ici.radio-canada.ca/nouvelle/1111150/etats-unis-chine-guerre-commerciale-tarifs-douaniers

peut servir pour frapper le voisin là où ça fait mal, pourrait-on caricaturer.

L'une des premières mesures fortes annoncées par certains États européens dans la perspective d'un Brexit sans accord est le renforcement aux frontières des effectifs douaniers. Ces annonces, révélatrices de la place de la douane dans la construction européenne, confirment les arrangements douaniers forts sur lesquels reposent les grands ensembles régionaux ou sous-régionaux.

La mise en place de la Zone de libre-échange continentale (ZLEC) le 21 mars 2018 à Kigali au Rwanda et qui est perçue comme un moteur de croissance commerciale et économique en Afrique a pour socle la douane. « La ZLEC doit permettre l'élimination progressive des droits de douane entre pays membres, favorisant ainsi le commerce au sein du continent et permettant aux pays africains de s'émanciper d'un système économique trop centré sur l'exploitation des matières premières[3]. » L'appellation officielle est désormais ZLECAf, après avoir été ZLECA. Il reste à souhaiter que ces changements de dénomination ne soient pas révélateurs d'un processus peu maîtrisé…

Pour le financement de l'Union africaine, les réflexions semblent s'orienter vers des prélèvements… douaniers, à l'instar de ceux qui sont en vigueur dans le cadre de l'UEMOA[4] et de la CEDEAO[5]. Par ailleurs, les accords qui déterminent le niveau d'intégration des zones économiques, notamment les accords de libre-échange et les unions douanières, comportent d'importants volets douaniers.

---

[3] AFP in : https://www.afriqueeducation.com/economie/ union_africaine_cr_ation_d_une_zone_de_libre_change_continentale_zlec (consultation du 27 novembre 2018).

[4] Union économique et monétaire ouest-africaine.

[5] Communauté économique des États de l'Afrique de l'Ouest.

Que dire alors de la protection des industries et des populations avec la lutte contre la contrefaçon qui focalise de plus en plus l'attention des États ? Elle est essentiellement menée par la douane. Les médias rendent quotidiennement compte de saisies d'objets dont la qualité ne correspondrait pas aux normes des pays concernés. Est-il nécessaire de parler de l'implication de la douane dans la lutte contre le trafic des stupéfiants ? Combien sont-ils, les voyageurs nationaux et étrangers pour qui le cordon douanier constitue le souci premier, à l'approche des frontières terrestres ou dans les aéroports ? En effet, toute personne, qui se déplace à l'étranger après avoir régulièrement accompli les formalités d'accès redoutera toujours le filtre douanier. Elle n'est soulagée qu'après avoir franchi sans encombre la douane. La douane est donc très importante. Et ce ne sont pas les pays en développement, dont une partie non négligeable du budget national est constituée de recettes douanières, qui le démentiraient.

En matière de lutte contre le blanchiment des capitaux, de financement du terrorisme ou tout simplement en matière de lutte contre le terrorisme, la douane est encore présente. Dans la *Stratégie mondiale de l'OMD*[6] *en matière de lutte contre le terrorisme* élaborée dans le sillage de la Résolution de Punta Cana[7], l'on peut lire en introduction : « De nombreuses organisations criminelles exploitent les frontières pour retirer les fruits de leurs activités illicites en se livrant au trafic illicite et à la contrebande. Il en va de même pour les organisations terroristes et extrémistes violentes. De nombreux éléments démontrent que ces organisations s'efforcent de financer

---

[6] Organisation mondiale des douanes.

[7] Résolution de la commission de politique générale de l'Organisation mondiale des douanes concernant le rôle de la douane dans le contexte de la sécurité, Punta Cana, décembre 2015.

leurs activités via la contrebande et tentent, en outre, d'utiliser la chaîne logistique internationale pour perpétrer un attentat ou pour transporter des armes et des matières dangereuses en vue de les utiliser lors d'un attentat. En s'interrogeant sur les moyens de défense des gouvernements contre ces scénarios de risque mis en évidence, le rôle de la douane apparaît comme une évidence. Aucune autre autorité publique ne possède le même niveau de compréhension des flux du commerce international et, via une utilisation de techniques modernes d'évaluation des risques et de scénarios de ciblage fondés sur le renseignement et l'information, elle est en mesure d'identifier des envois à haut ou à faible risque dans les chaînes logistiques internationales[8]. [...]. »

Face à une telle importance et un tel niveau d'implication dans la vie de tous et de tous les jours, tant au niveau des ménages, des entreprises que des États, il apparaît nécessaire de mieux faire connaître le douanier et l'appareil douanier à travers ses missions, son organisation et son fonctionnement. Il apparaît également nécessaire de savoir comment améliorer le fonctionnement de cet outil pour en renforcer l'efficacité aux fins d'une meilleure qualité de service aux usagers. Cette dernière préoccupation est d'autant plus décisive que les actions de la douane dans les domaines tels que les regroupements politico-économiques, la lutte contre la contrefaçon et, d'une manière générale, la lutte contre la fraude douanière et commerciale se font toujours au détriment de groupes d'intérêt, souvent très puissants. Naturellement, ces derniers ne baisseront pas les bras pour suivre, passivement, la remise en cause de leurs positions et de leurs privilèges. Ils combattront la douane par divers moyens tout en continuant à imaginer des stratagèmes de plus en plus élaborés pour se jouer d'elle. C'est pourquoi

[8] Organisation mondiale des douanes, 13 mai 2016.

il est important que la douane soit en situation de veille stratégique et qu'elle explore tous les moyens aujourd'hui disponibles, notamment les Technologies de l'information et de la communication, pour renforcer son efficacité, sa sécurité et sa présence.

Les lignes qui suivent sont une modeste contribution au renforcement de la présence douanière, à travers une sensibilisation des usagers dont beaucoup ignorent tout de la douane. Elles se veulent aussi un apport à l'amélioration du management des services douaniers.

Pour une meilleure compréhension de la démarche, celle-ci s'appuiera sur l'exemple ivoirien. Mais lorsque les circonstances l'exigeront, il sera fait appel aux pratiques douanières étrangères.

INTRODUCTION

Administration méconnue, la douane l'est assurément. Objet de tous les fantasmes, elle est souvent perçue par les voyageurs comme une administration publique importune, qui se soucie très peu de leur stress et beaucoup plus de ses recettes. Cette perception biaisée n'en présente pas moins quelque vérité. Dans les pays développés, les enjeux sécuritaires guident souvent les actions de la douane. Elle est généralement très souple, mais peut être très tatillonne lorsque la situation se dégrade. Derrière cette apparente souplesse, cependant, se trouve un système élaboré d'analyse du risque. Dans les pays en développement, outre les enjeux liés à la sécurité, la douane doit faire face à diverses attentes fortes qui sont autant de pressions. Celles-ci peuvent se résumer en deux catégories. La première pression vient des autorités, qui veulent des recettes de plus en plus importantes, et des agents qui réclament en permanence de meilleures conditions de travail. Dans la seconde catégorie, on trouve les opérateurs économiques, qui attendent que leurs dossiers soient traités avec célérité, et un ensemble de personnes et de personnalités qui, par des interventions ou manœuvres diverses, veulent se soustraire au paiement des droits et taxes. Comment la douane peut-elle faire face à toutes ces contraintes quotidiennes et produire les résultats attendus ? Tels sont les défis qui se posent aux managers des services douaniers.

Qu'ai-je vu faire en la matière, en tant qu'agent et en tant que responsable de service ? Qu'est-ce que mes expériences professionnelles me permettent de partager sur cette question ? Ce retour d'expérience relève pour moi d'un devoir moral de partage de connaissances.

PREMIÈRE PARTIE
C'est quoi la douane ?

« Là où il y a du commerce, il y a des douanes. L'objet du commerce est l'exportation et l'importation des marchandises en faveur de l'État, et l'objet des douanes est un certain droit sur cette même exportation et importation, aussi en faveur de l'État. »

Montesquieu, *De l'Esprit des lois*, Livre XX, Chapitre XIII

« Tu ne connais pas quelqu'un en douane ? J'ai fait venir une voiture que je voudrais dédouaner. J'ai ma nièce qui arrive de l'étranger, ton ami douanier pourrait-il aller l'accueillir ? » Voici en substance les sollicitations non exhaustives dont les agents des douanes sont, en général, l'objet et qui semblent résumer le niveau de connaissance que leurs auteurs ont de la douane et des enjeux douaniers.

Du lettré à l'analphabète, chacun y va de son chapitre. À les entendre, cependant, on se rend très vite compte que la douane, tout comme les attributions du douanier leur sont mal connues. Bien qu'elle soit l'une des administrations de l'État les plus anciennes, ses missions et son fonctionnement restent inconnus du grand public et de certains hauts fonctionnaires.

De la douane, ceux-ci retiennent un cordon frontalier où se trouve un individu disposant de pouvoirs outranciers, et qui décide à la tête du client, qui doit payer quoi et dans quelles proportions. Pour certains, c'est une vache à lait dont les serviteurs sont de petits privilégiés. Quand on sait par ailleurs que l'Administration des douanes elle-même ne communique pas assez sur ses missions, il n'est pas certain que la bonne information soit disponible.

Convaincu que la douane ne peut bien se conter de l'extérieur, il me semble qu'il revient au douanier de jeter un regard de l'intérieur sur cette administration qui suscite à la fois intérêt et calomnie. Ce faisant, des réponses seront apportées à certaines questions récurrentes : Qu'est-ce que la douane ? Qui sont les douaniers ? Que font-ils et comment le font-ils ?

1.1 La douane, hier et aujourd'hui

La douane est une administration publique chargée aux frontières (terrestres, aériennes, maritimes) des missions de contrôle des mouvements des marchandises et des personnes qui les détiennent. Ses origines remontent à l'Antiquité, où le besoin de ressources publiques et de protection des stocks internes de denrées conduisait les États à prélever des impôts sur les marchandises qui franchissaient leurs frontières. À cette époque, le recouvrement des droits, appelés *teloneion* ou *portoria*, était concédé (affermé) à des compagnies privées qui se chargeaient de collecter ceux-ci pour le compte des États. Cette pratique était appelée l'affermage. Le personnel chargé de contrôler les marchandises, de les évaluer en vue de percevoir les droits, c'est-à-dire l'ancêtre du douanier moderne, était appelé dans la Rome antique *portitore* ou *publicanus*.

Le premier tarif douanier national français se met en place entre 1664 et 1667. Mais la législation douanière, telle qu'utilisée de nos jours, provient de deux ordonnances initiées par Jean-Baptiste Colbert en 1681 et 1687. Celles-ci régulaient les nombreux prélèvements qui avaient cours un peu partout en France ainsi que les échanges avec l'extérieur.

Colonisée par la France, la Côte d'Ivoire est héritière de l'histoire de ce pays dont elle partage le passé de la période d'avant l'indépendance. Les premiers bureaux des douanes françaises en Côte d'Ivoire furent ouverts dans les comptoirs d'Assinie, de Grand-Bassam et de Grand-Lahou en 1889[9]. En 1934, l'arrêté « réglementant l'habillement, l'armement, la délivrance d'une commission et la prestation de serment des agents des cadres communs supérieur et secondaire des douanes de l'Afrique-

[9] DOULOUROU (André), VITAUX (Alain), *Histoire des douanes ivoiriennes*, IPNETP, 1989.

Occidentale française » prescrivait aux officiers africains des tenues similaires à celles en vigueur dans la métropole, et le même insigne de corps pour tout le personnel (officiers et sous-officiers) : la grenade inscrite dans un cor de chasse. Insigne officiellement attribué aux brigades des douanes en 1875. Certaines administrations des douanes en Afrique francophone continuent de se l'approprier, ce qui est une preuve de cette histoire commune.

La législation et la réglementation douanières en vigueur en Côte d'Ivoire, devenue colonie française le 10 mars 1893, avaient pour fondement la loi française du 11 janvier 1892 et le décret du 16 février 1895. Ce décret rendait « applicable aux colonies, possessions françaises et pays de protectorat de l'Indochine dans lesquels la loi du 11 janvier 1892 était en vigueur, un certain nombre de textes métropolitains concernant les douanes[10]. »

De nombreuses dispositions vont plus tard compléter et modifier le décret du 16 février 1895. Celles-ci avaient pour objet de réduire les difficultés des assujettis en mettant fin au grand nombre et à la dispersion des textes douaniers. Ainsi a été pris le décret du 27 novembre 1915, abrogé et remplacé plus tard par le décret du 1er juin 1932. Ce dernier établit l'organisation, la réglementation et le fonctionnement du service des douanes de l'A.-O.F.

Indépendante depuis le 7 août 1960, la Côte d'Ivoire adopte quatre ans plus tard un Code des douanes à travers la loi 64-291 du 1er août 1964, qui met fin par la même occasion à l'utilisation de la loi coloniale. Un code qui n'a que peu varié depuis. Ce qui ne signifie pas pour autant que la douane soit demeurée figée tout ce temps. Elle a connu une évolution certaine, voire une mutation profonde. Il ne serait pas hasardeux de parler même de

---

10 DARESTE DE LA CHAVANNE (Pierre-Rodolphe), *Traité de droit colonial*, tome II, 1932, p. 197.

bouleversements. Un repère permet de rendre compte de la situation : l'année 1990. Une année qui, en Côte d'Ivoire, a été caractérisée par la rupture du contrat social jusque-là dominé par le parti unique. 1990, c'est un an après la chute du mur de Berlin et les conséquences de ce qui a été appelé le vent de l'Est.

En effet, suite aux troubles politiques qui ont secoué presque l'ensemble du corps social dans le pays, il a été procédé à la nomination d'un Premier ministre[11] qui avait pour mission de stabiliser une économie alors très affaiblie et de la relancer. L'aspect fiscal des actions de ce Premier ministre affectera profondément la douane. Depuis, celle-ci est engagée dans un processus de mutation caractérisé par de nombreuses réformes structurelles, fonctionnelles, ainsi que par de fréquents changements au niveau de la direction générale.

De l'indépendance à 1990, soit pendant trente ans, la douane n'a connu que deux responsables : M. Jean Arrighi, de nationalité française, puis, à partir de 1964, année de l'institution du Code des douanes de la République de Côte d'Ivoire, M. Angoua Koffi Maurice, de nationalité ivoirienne. De direction centrale du ministère de l'Économie, des Finances et du Plan, la douane ivoirienne sera érigée en direction générale en 1971[12]. C'est une période de stabilité et de relative prospérité en Côte d'Ivoire. À cette époque, la douane – ou du moins les recettes douanières – ne semblait guère préoccuper les pouvoirs publics. Les discours officiels mentionnaient à peine les recettes douanières. L'économie était florissante. Le tissu industriel était inexistant et la quasi-totalité des biens d'équipement et de consommation était importée, du plastique au sucre en passant par les

[11] Actuel président de la République de Côte d'Ivoire, SEM. Alassane Ouattara.
[12] Décret n° 7-639 du 1er décembre 1971.

produits d'entretien. Les agents des douanes chargés du contrôle de cet important flux de marchandises y ont fait face de façon manuelle, jusqu'à l'avènement du Système automatisé de dédouanement des marchandises (SYDAM) en 1987. Un système informatique qui a eu le mérite de sécuriser la procédure malgré quelques faiblesses dont la correction ultérieure contribuera à accroître les recettes douanières.

De 1990 à 2017, ce sont onze directeurs généraux qui se sont succédé à la tête de l'Administration. Le record de longévité, après Angoua Koffi (1964-1990), est détenu par le colonel-major Gnamien Konan (2001-2008), promu contrôleur général en 2015, et le général Issa Coulibaly (2011-2017). De 2000 à 2001, la douane a connu quatre directeurs généraux ! Soit, en moyenne, un par trimestre. Qu'est-ce qui pouvait bien pousser les responsables politiques à avoir la main aussi lourde vis-à-vis des responsables douaniers ? Pour sûr, il ne s'agissait pas de mauvaise gestion ; la presse en aurait fait ses choux gras. L'appétit des cadres, dont certains étaient trop ambitieux ? Peut-être. Mais, indubitablement, il y avait la période de transition militaire dont les principaux acteurs, peu habitués à la gestion publique, semblaient agir à l'inspiration… Toujours est-il que la précarité de ce poste ne se stabilisera qu'avec la procédure de désignation des responsables des régies financières par appels à candidatures. Le général Gnamien Konan est issu de cette procédure, et sa longévité pourrait, en partie, s'expliquer par son mode de désignation. Contrairement à certains de ses prédécesseurs, il n'avait pas à justifier d'un militantisme bouillant – et parfois bruyant – pour s'affirmer ou chercher à se maintenir. Il sera limogé en avril 2008 après s'être invité sur le terrain politique et remplacé par le colonel-major Alphonse Mangly, l'un de ses adjoints. Celui-ci sera remplacé par le colonel-major

Issa Coulibaly en mai 2011, à la fin de la crise postélectorale de novembre 2010 à avril 2011. Avec sa promotion au grade de contrôleur général en décembre 2015, il devient le premier général à la tête des Douanes. Nommé au gouvernement en janvier 2017, il est remplacé à son tour par le plus ancien de ses adjoints, le colonel-major Da Pierre Alphonse, promu également contrôleur général.

Ont contribué à écrire les belles pages de cette Administration, MM. Doua-Bi Kalou (1990-1994), Gnamessou Akroma (1994-1996), Adama Coulibaly (1996-1999), Kouamé Kaunant (2000), Amafou Yobo Germain (2000), Kosséré Koré Daniel (2000-2001). Soumis à la pression des recettes, leurs efforts ont été axés sur la réalisation de cet objectif, principal critère d'appréciation des performances de l'Administration douanière et, singulièrement, des directeurs généraux. En conséquence, l'on a pu noter au fil des ans l'abandon de certaines bonnes pratiques : disparition de la communication radio, des activités socio-sportives, raréfaction des stages et séminaires de formation aussi bien à Abidjan, à l'intérieur du pays qu'à l'étranger, perte de compétence des services de surveillance, désarticulation de la formation continue, agonie de la vie administrative dans certaines localités, etc.

Parlant de cette administration, il n'est pas rare d'entendre dire « les douanes » ou « la douane ». Et très souvent, il est demandé aux douaniers d'en faire ressortir la différence. Dès lors, les explications les plus diverses fusent. Aussi convient-il d'en dire un mot. « Les douanes » renvoie à l'Administration douanière, à l'échelle d'un pays ou d'un royaume. Celle-ci, jadis, était composée de deux entités distinctes et complémentaires : d'une part, d'un corps d'agents sédentaires, ou agents de bureau, qui s'occupaient de l'assiette et de la perception des droits et taxes, et, d'autre part, d'un corps d'agents de terrain qui s'occupaient de l'écor des marchandises, de la surveillance des penthières et du territoire douanier. Les agents de terrain étaient aussi appelés agents du corps actif, par opposition à ceux des bureaux. Le terme « les douanes », à l'échelle d'un pays, se rapporte à ces deux corps. Cette démarcation est moins accentuée de nos jours, et l'appellation est de moins en moins usitée au profit de « la douane ». Mais les réalités sont plus complexes à travers le monde où il s'observe diverses organisations, notamment des fusions entre administrations des douanes et services des impôts, d'une part, et entre administrations des douanes et services d'immigration et de surveillance des frontières, d'autre part. C'est le cas au Togo avec l'Office togolais des recettes (OTR), de Her Majesty's Revenue and Customs (HMRC) au Royaume-Uni, de la Border Force en Australie, la Customs and Border Protection (CBP) aux États-Unis, l'Agence des services frontaliers du Canada (ASFC).

1.2 Missions, organisation et fonctionnement de la douane

À l'importation d'une marchandise, deux possibilités s'offrent à l'importateur. Soit il paie les droits et taxes et dispose immédiatement de sa marchandise, on parle dans ce cas de mise à la consommation directe, soit il sollicite un régime de faveur lui permettant de disposer de sa marchandise avant de payer éventuellement les droits et taxes exigibles, suivant la destination finale du produit importé. Dans ce dernier cas de figure, les droits sont différés ou ne sont pas payés du tout.

De ce schéma découlent les missions traditionnelles de la douane. Elles sont au nombre de deux : la mission fiscale et la mission économique (ou mission de facilitation économique), auxquelles s'ajoutent des missions annexes, relatives au domaine commercial, à la santé et à la sécurité publiques.

La plus connue de toutes, la mission fiscale, consiste à percevoir des droits (recettes douanières proprement dites) et taxes (impositions fiscales ou parafiscales) à l'entrée et/ou à la sortie des marchandises, en vue de procurer au Trésor public les ressources nécessaires au fonctionnement de l'État. Ces prélèvements s'exercent à l'occasion des importations ou des exportations de marchandises. S'y ajoute une mission qui pourrait être qualifiée de « mission fiscale déléguée », en ce sens que la douane est chargée de percevoir, pour le compte des organisations régionales et sous-régionales, des prélèvements instaurés sur les produits importés. Ce sont le prélèvement communautaire de solidarité (PCS) collecté au profit de l'UEMOA, le prélèvement compensatoire communautaire (PCC) pour le compte de la CEDEAO et le prélèvement de l'Union africaine (PUA).

La mission de facilitation économique consiste à :

- protéger l'entreprise nationale contre la concurrence déloyale des produits étrangers ;
- créer et encourager un environnement économique sain par la lutte contre la fraude douanière ;
- lutter contre la contrefaçon ;
- soutenir l'entreprise nationale, par l'octroi de facilitations aux opérateurs économiques à travers les régimes économiques ;
- faciliter les échanges entre les entreprises nationales et les entreprises étrangères ;
- faciliter le commerce international et les transports.

Dans le cadre de la mise en œuvre de cette mission, certains envois peuvent être mis à la consommation sans paiement immédiat de droits et taxes ou sans aucun paiement de droits. Ces marchandises qui dérogent au régime de droit commun qui, pour rappel, suppose le paiement préalable des droits et taxes, font l'objet de régimes particuliers. Elles sont soit admises en franchise des droits et taxes, exonérées totalement ou partiellement de ce paiement, ou bien elles sont admises en entrepôt, en admission temporaire, etc.

Ces situations qui voient la douane autoriser des dédouanements sans paiement de droits sont juridiquement appelées régimes économiques. On en compte plusieurs : le régime de l'admission temporaire, le régime de l'entrepôt, l'usine exercée, le transit, le transbordement, etc.

L'admission temporaire est un régime qui permet l'importation, en suspension de droits, de marchandises étrangères destinées à séjourner temporairement sur le territoire ou à y recevoir un complément de main-d'œuvre, à y être fabriquées avant d'être réexportées ou mises en entrepôt à échéance du délai convenu. C'est un régime qui favorise l'exportation, dans la mesure où il permet aux entreprises de s'approvisionner à l'étranger, sans acquittement des droits et taxes sur les marchandises destinées à être ouvrées. N'ayant pas payé de droits sur les matières premières importées, ces entreprises peuvent être plus compétitives à l'exportation des produits finis qui, eux non plus, ne paient pas de droits de douane.

Il existe trois types d'admissions temporaires, au regard du Code des douanes ivoiriennes :

- l'admission temporaire pour transformation (ATT) ;
- l'admission temporaire exceptionnelle (ATE) ;
- l'admission temporaire de matériels d'entreprises (ATME).

L'admission temporaire pour transformation consiste à autoriser l'importation, en suspension des droits et taxes, de tous les produits susceptibles de recevoir une ouvraison, une transformation ou un complément de main-d'œuvre dans un établissement industriel dont une partie, ou la totalité de la production, est destinée à être réexportée.

L'admission temporaire exceptionnelle est une autorisation accordée exclusivement pour l'importation en suspension des droits et taxes d'emballages à remplir, d'emballages importés pleins et destinés à être réexportés vides, ou remplis de produits nationaux et pour des objets dont l'importation présente un caractère individuel et exceptionnel non susceptible d'être généralisé.

L'admission temporaire de matériels d'entreprises est, quant à elle, une autorisation pour l'importation en suspension des droits et taxes des matériels d'entreprises destinés à des travaux et ouvrages présentant un caractère d'utilité publique.

Cette catégorisation est abandonnée par les Administrations-parties à la Convention internationale pour la simplification et l'harmonisation des régimes douaniers (amendée), plus connue sous l'appellation Convention de Kyoto révisée (CKR) – dont la Côte d'Ivoire – au profit des notions de perfectionnement actif et de perfectionnement passif. Le Code des douanes de la CEDEAO en élaboration devrait les adopter, tout comme la nouvelle définition de l'admission temporaire, ainsi libellée : « Le régime douanier qui permet de recevoir, dans un territoire douanier en suspension totale ou partielle des droits et taxes à l'importation, certaines marchandises importées dans un but défini et destinées à être réexportées, dans un délai déterminé, sans avoir subi de modification, exception faite de leur dépréciation normale par suite de l'usage qui en est fait[13]. » Il est à remarquer que la marchandise en admission temporaire n'est pas destinée à être fabriquée ou à recevoir un complément d'ouvraison, comme le prévoyaient les anciennes dispositions. Celle-ci s'applique :

- aux produits importés dans un but défini et destinés à être réexportés en l'état, sans avoir subi de modification autre que la dépréciation normale du fait de leur utilisation ;
- aux objets importés pour réparation, essais ou expériences, foires ou expositions ;
- aux emballages importés pleins et destinés à être réexportés vides ou remplis de produits autres que ceux qu'ils contenaient ;
- aux conteneurs, palettes, emballages, échantillons et autres marchandises importées dans le cadre d'une opération commerciale ;
- aux marchandises importées dans un but éducatif, scientifique ou culturel ;
- aux effets personnels des voyageurs et marchandises importées dans un but sportif ;
- au matériel de propagande touristique ;
- aux marchandises importées en trafic frontalier ;

[13] CKR, Annexe spécifique G, Chapitre I, Définition.

- aux marchandises importées dans un but humanitaire ;
- aux produits importés à titre exceptionnel et présentant un caractère individuel ;
- aux matériels de travaux publics importés pour des besoins d'utilité publique.

Quant à la notion de perfectionnement actif, elle renvoie au régime douanier qui permet de recevoir, dans un territoire douanier, en suspension totale des droits et taxes à l'importation et pour un délai bien déterminé, certaines marchandises destinées à être réexportées après avoir subi une transformation, une ouvraison ou une réparation.

Nous retrouvons ici la définition de la désormais ancienne admission temporaire pour transformation.

Le perfectionnement actif n'est pas limité aux marchandises qui sont importées directement. Il peut être également autorisé pour les marchandises déjà placées sous un autre régime douanier.

Le perfectionnement passif permet d'exporter temporairement des marchandises qui se trouvent en libre circulation sur le territoire douanier en vue de leur faire subir une transformation, une ouvraison, une réparation, ou y recevoir un complément de main-d'œuvre et de les réimporter ensuite, en exonération totale ou partielle des droits et taxes à l'importation.

L'entrepôt est un régime qui permet l'entreposage, dans un magasin placé sous le contrôle de la douane, de marchandises importées en suspension de tous droits et taxes et en attente d'une destination douanière. Les droits ne seront acquittés que lorsque les marchandises seront mises à la consommation sur le territoire national. Mais si elles sont en admission temporaire ou exportées, ces marchandises ne seront soumises à aucune taxation. La marchandise en entrepôt étant considérée à l'étranger, elle ne fera l'objet de taxation éventuelle qu'à la sortie, comme toute marchandise provenant du même pays d'exportation. Il importe de préciser que les marchandises en entrepôt peuvent provenir d'une importation directe, d'une mutation d'entrepôt (d'entrepôt à entrepôt), d'une décharge de comptes d'admission temporaire (d'admission temporaire à entrepôt), du transit ou d'un transbordement.

Plusieurs avantages s'attachent à ce régime. Il favorise le commerce par la constitution de grands stocks de marchandises dans le pays d'importation. Il facilite l'approvisionnement des revendeurs ou des industriels avec, à la clé, la possibilité pour ceux-ci de se déplacer sur les lieux de stockage des marchandises pour une meilleure appréciation de la qualité et des spécificités. Avec ce régime, les risques de se voir livrer une marchandise différente de celle commandée sont quasi inexistants. Ce qui n'est pas le cas avec les importations directes. Les avantages de l'entrepôt ne sont pas qu'au seul bénéfice des acheteurs locaux. Les bénéficiaires de ce régime importent et entreposent d'importantes quantités de marchandises sans paiement de droits et sur lesquelles ils peuvent spéculer. Ce régime leur permet, en outre, de mettre leurs ressources financières à l'abri de tout ajustement monétaire.

Il existe plusieurs types d'entrepôts :

- l'entrepôt réel ;
- l'entrepôt fictif ;
- l'entrepôt spécial.

Encore appelé entrepôt public, *l'entrepôt réel* est concédé aux collectivités (communes) ou aux organismes publics tels que les ports autonomes ou la Chambre de commerce pour le stockage de marchandises. Il fonctionne sous la surveillance permanente du service des douanes et sous la responsabilité du concessionnaire qui perçoit des taxes des entrepositaires. Le délai de séjour en entrepôt réel est de trois ans.

L'entrepôt fictif est constitué dans les magasins du commerce, sous la garantie d'un engagement cautionné de réexporter les marchandises, de les mettre en admission temporaire ou de payer les droits et taxes en vigueur au moment où elles seront versées à la consommation, et ce, dans le délai accordé, qui est de dix-huit mois.

L'entrepôt spécial est autorisé pour les marchandises dont la présence en entrepôt réel ou fictif présente des dangers ou est susceptible d'altérer la qualité des autres produits, et pour les marchandises dont la conservation exige des installations spéciales. Les entrepositaires doivent prendre l'engagement cautionné de réexporter les marchandises ou, si elles ne sont pas prohibées, d'acquitter les droits et taxes en vigueur au moment où elles seront mises sur le marché, et ce, dans le délai accordé qui est de deux ans.

Le régime de l'entrepôt fait l'objet d'une redéfinition dans le Code des douanes de l'UEMOA en vigueur et celui de la CEDEAO en élaboration, en application de la Convention de Kyoto révisée, donnant ainsi les trois catégories suivantes, qui ont le même principe dans le fonctionnement :

- l'entrepôt public ou réel ;
- l'entrepôt privé ;
- l'entrepôt spécial.

L'usine exercée est un établissement placé sous la surveillance permanente de l'Administration des douanes en vue de permettre la mise en œuvre ou la fabrication de produits en suspension totale ou partielle des droits et taxes dont ils sont passibles. C'est le cas de la société ivoirienne de raffinage (SIR).

Le transit est un régime douanier qui autorise, sous certaines conditions, le transport en suspension des droits et taxes de marchandises d'un bureau des douanes vers un autre bureau des douanes, intérieur ou extérieur. Lorsque l'opération concerne une marchandise nationale allant de son point d'entrée vers un autre bureau à l'intérieur du territoire douanier, on parle de transit ordinaire. Mais lorsque la marchandise va de son point d'entrée vers un pays voisin, on parle alors de transit international.

Le transit favorise l'approvisionnement des entrepôts en marchandises sous douane, permet d'assurer le transport de marchandises entre deux entrepôts, deux États, et développe le transport de marchandises.

Le transbordement est un régime douanier permettant le transfert des marchandises d'un navire à un autre ou d'un aéronef à un autre en suspension des droits et taxes, des mesures de restriction et de prohibition tant à l'entrée qu'à la sortie. Ce régime est sollicité lorsque le premier moyen de transport ne peut se rendre dans la destination finale du produit pour des raisons d'itinéraire, de contraintes légales ou réglementaires en vigueur dans le pays de destination ou en raison de l'inadéquation des structures d'accueil du navire ou de l'aéronef dans ledit pays.

Les missions annexes sont des missions assumées par la douane et qui, *a priori*, n'ont aucun rapport avec les deux missions traditionnellement connues. Quoique présentées comme étant des missions annexes, celles-ci sont loin d'être des missions secondaires. Ce sont des missions pleines et entières que la douane assure et assume. Missions de protection des intérêts de l'État et du citoyen, elles prennent de plus en plus le pas sur la traditionnelle mission fiscale au niveau des États les plus avancés. Au nombre de ces missions annexes, on peut noter :

- la lutte contre le trafic illicite des drogues et des produits stupéfiants ;
- la lutte contre le trafic des armes et des munitions ;

- la lutte contre le terrorisme ;
- la lutte contre les exportations illicites des biens culturels et des denrées alimentaires ;
- le contrôle des changes lors des opérations d'importation ou d'exportation ou à l'occasion des mouvements de capitaux (lutte contre les flux financiers illicites) ;
- le contrôle à l'importation de la qualité et de la salubrité des médicaments, des denrées alimentaires ;
- la protection de l'environnement par le contrôle des échanges ou trafics portant sur certaines espèces d'animaux, de végétaux ou de produits dangereux ;
- l'élaboration des statistiques du commerce extérieur.

Ces missions ne sont pas exhaustives. Car partout où il y a échange de marchandises entre la Côte d'Ivoire et l'extérieur, la douane, en raison de sa position stratégique aux frontières, intervient pour le contrôle physique et documentaire de ces marchandises (détermination de la licéité, de la qualité et de la quantité) ainsi que pour le contrôle de la réglementation relative à ces marchandises (normes sanitaires, techniques, etc.).

Pour la mise en œuvre de ces missions, la douane s'est dotée d'une organisation composée de douze directions centrales, une Recette principale et six directions régionales dont les titulaires ont rang de directeur d'administration centrale[14]. Ce sont :

- la Direction de la réglementation et du contentieux ;
- la Direction de l'analyse du risque, du renseignement et de la valeur ;
- la Direction des ressources humaines ;
- la Direction des moyens généraux ;

---

[14] Décret n° 2016-869 du 3 novembre 2016 portant organisation du ministère auprès du Premier ministre chargé du Budget et du Portefeuille de l'État.

- la Direction de la communication, de la qualité et du partenariat avec le secteur privé ;
- la Direction des régimes économiques ;
- la Direction des statistiques et des études économiques ;
- la Direction des systèmes d'information ;
- la Direction des services douaniers, du port et des services spéciaux ;
- la Direction des services aéroportuaires ;
- la Direction des enquêtes douanières ;
- la Direction de la formation et de la documentation ;
- la Recette principale des douanes.

La *Direction de la réglementation et du contentieux* est chargée de la conception des projets de textes, du suivi des accords et conventions internationales, de l'interprétation uniforme des textes et de toutes les questions liées au contentieux douanier.

La Direction de la réglementation et du contentieux peut présenter un grand intérêt pour les clients internes et externes, qui devraient y trouver les réponses à leurs préoccupations en matière de procédures et de réglementation.

La *Direction de l'analyse des risques, du renseignement et de la valeur* a pour mission le contrôle anticipé des importations, la conception et la mise en œuvre de la politique de gestion des risques liés à la taxation des marchandises. Elle se charge également de la recherche, du traitement et de la diffusion des informations au sein du service.

La DARRV assure une fonction de soutien aux services opérationnels. C'est une direction qui est plutôt orientée clients internes dont la mission intègre de plus en plus des services aux clients externes.

La *Direction des ressources humaines* (DRH) est chargée de la gestion, de la programmation et du contrôle des effectifs. Son rôle est de permettre à l'Administration des douanes de « disposer d'un nombre d'agents qualifiés pour occuper les postes nécessaires au fonctionnement satisfaisant du service » en vue de permettre l'atteinte des « objectifs de l'Administration en tenant compte des préoccupations matérielles et morales du personnel[15]. »

La DRH est aussi chargée de la mise en œuvre de la politique sociale de l'Administration.

La *Direction des moyens généraux* est chargée de l'élaboration du budget, de la gestion du parc automobile et du patrimoine immobilier de la douane. C'est l'appui logistique de l'ensemble des directions.

La *Direction de la communication, de la qualité et du partenariat avec le secteur privé* assure la communication interne et externe de la douane ainsi que la mise en œuvre de la politique de qualité de l'Administration des douanes.

La création de cette direction marque le souci de l'Administration des douanes d'améliorer ses services aux usagers. Les actions de celle-ci ont permis la certification par Bureau Veritas des bureaux des douanes du port, de l'aéroport, de Noé et de la Direction des enquêtes douanières à la norme ISO 9001 version 2008.

À l'instar de la Direction des ressources humaines, la Direction des moyens généraux, la Direction de la réglementation et du contentieux, et la Direction de la communication, de la qualité et du partenariat avec le secteur privé sont établies dans l'enceinte de l'immeuble de la Direction générale des douanes, au Plateau.

Anciennement appelée la Direction de l'informatique, la *Direction des systèmes d'information* a pour mission l'informatisation de la procédure de dédouanement des marchandises et la vulgarisation de l'informatique dans l'Administration. Elle assure plus spécifiquement la gestion du système informatique douanier, le SYDAM, un

[15] Circulaire n° 1536 du 14 mai 2012.

outil très performant qui gère la presque totalité de la procédure de dédouanement depuis l'arrivée de la marchandise jusqu'au recouvrement des droits et taxes et le séjour éventuel en dépôt. La Direction des systèmes d'information fournit des prestations aux usagers internes qu'aux externes également.

La *Direction des services douaniers, du port et des services spéciaux* s'occupe des opérations de dédouanement des marchandises au port d'Abidjan à l'importation (mise à la consommation directe) et à l'exportation. Elle assure le contrôle des voyageurs et de leurs bagages, ainsi que la police du rayon. Cette même mission est assurée par la *Direction des services aéroportuaires* dans le périmètre de l'aéroport international Félix Houphouët-Boigny.

Il convient d'indiquer que le dédouanement ne signifie pas nécessairement le paiement des droits et taxes lors d'une opération d'importation ou d'exportation. *Dédouaner* une marchandise signifie tout simplement accomplir les formalités exigées par les textes pour son importation ou son exportation. Outre les droits qui peuvent être payés à l'occasion d'un dédouanement, la marchandise importée peut être placée dans n'importe quelle situation juridique prévue par la réglementation : entrepôt, admission temporaire, usine, etc. Il y a lieu de rappeler que l'exemption des droits et taxes à l'entrée ou à la sortie ne dispense pas de l'obligation de déclarer en détail les marchandises concernées en leur assignant le régime douanier approprié. Dans le milieu douanier, *dédouaner* signifie affecter un régime douanier (définitif ou transitoire) à une marchandise.

Les missions de la Direction des services douaniers du port, de la Direction des services spéciaux et celles de la Direction des services aéroportuaires sont identiques. Orientées clients externes, elles exécutent des tâches de première ligne, c'est-à-dire des tâches de dédouanement. La différence réside au niveau des espaces où s'exerce l'activité : le port ou l'aéroport. D'ailleurs, elles sont toutes issues de l'ancienne et unique Direction régionale d'Abidjan qui formait, avec les directions régionales de Bouaké, Man, San Pedro, Korhogo et Abengourou, l'ancienne Direction des services extérieurs. Ces cinq directions régionales seront portées à six vers la fin des années 1990 avec la création de la Direction régionale d'Aboisso, par scission de la Direction régionale d'Abengourou.

En plus de la scission de ce qui fut la Direction régionale d'Abidjan en trois directions centrales (la Direction des services douaniers, du port et des services spéciaux, la Direction des services aéroportuaires et la Direction des régimes économiques), la Direction des services extérieurs a connu d'autres scissions au début des années 2000 par la création de deux autres directions centrales :

- la Direction des services extérieurs d'Abidjan ;
- la Direction des services extérieurs de Yamoussoukro.

Ces deux directions, qui achèvent le démantèlement de la Direction des services extérieurs, sont créées pour assurer un meilleur encadrement des services de l'intérieur. Elles ont été supprimées par le décret n° 2016-869 du 3 novembre 2016 portant attributions du ministère auprès du Premier ministre chargé du Budget et du Portefeuille de l'État et leurs missions ont été confiées aux directions régionales qui les cumulent avec celles de l'ancienne Direction de la surveillance et des interventions (DSI). Pour la zone d'Abidjan, les missions de l'ex-DSI ont été confiées au Groupe d'intervention et de recherche d'Abidjan (GIRA), rattaché au directeur général.

Ce redimensionnement s'explique par l'évolution constante de l'activité douanière du fait de l'accroissement des échanges mondiaux en rapport avec le développement du tissu industriel, des activités commerciales et la croissance démographique. Ces variables obligent les transporteurs, les manutentionnaires et les administrations douanières à se réorganiser, à améliorer les rythmes de travail et les procédures. L'évolution du niveau des recettes de la période de l'indépendance à ce jour est un facteur révélateur, bien que non exhaustif, de cet accroissement de la charge de travail. En effet, de 18,655 milliards de francs CFA perçus à l'indépendance en 1960, ce sont plus de 1 800 milliards de francs CFA que la douane recouvre[16] annuellement, soit environ cent fois le niveau de recette de 1960.

La *Direction des régimes économiques,* une autre émanation de l'ex-Direction régionale d'Abidjan, est héritière de l'ex-Bureau de Vridi port. Elle s'occupe de la mise en œuvre de la mission économique de la douane. À ce titre, elle gère les opérations douanières liées au transit, aux entrepôts, aux admissions temporaires, aux franchises et aux exonérations. La Direction des régimes économiques est orientée clients externes.

La *Direction des statistiques et des études économiques* est chargée de l'élaboration, de l'analyse et de la diffusion des statistiques du commerce extérieur. Elle est également chargée de la collecte et de la centralisation des droits et taxes liquidés au niveau de l'ensemble des bureaux de douanes. Elle est en outre chargée de l'analyse des recettes douanières et de la réalisation des études d'aide à la gestion et à la décision sur divers aspects de l'activité douanière. Bien qu'orientée clients internes, la Direction des statistiques et des études économiques offre des prestations à des clients externes.

---

[16] Recettes de l'année 2016 : 1 614,9 milliards de francs CFA.

La *Direction des enquêtes douanières* est chargée de la recherche et de la répression de la fraude sur toute l'étendue du territoire national. Elle agit à travers des contrôles différés (contrôles portant sur les déclarations ayant déjà fait l'objet de contrôles sur la première ligne), des contrôles *a posteriori* (contrôles en entreprises) et des opérations de recherches sur le terrain. La Direction des enquêtes douanières se charge également de la lutte contre les infractions à la réglementation des changes. Elle était composée de deux sous-directions, la sous-direction des enquêtes et la sous-direction du Groupe d'intervention et de recherche (GIR).

Dans l'organigramme actuel, la sous-direction du GIR n'existe plus. Ses attributions avaient été dévolues à l'ex-*Direction de la surveillance et des interventions*, chargée de la lutte contre la contrebande, la contrefaçon et le trafic des stupéfiants. Ce qui consacrait la scission de la Direction des enquêtes douanières en deux.

La Direction de la formation et de la documentation a pour mission la formation initiale et continue du personnel et la gestion de la documentation. Anciennement sous-direction de la formation rattachée à la Direction des ressources humaines, la Direction de la formation et de la documentation semble être le parent pauvre. Elle attire très peu de cadres, qui préfèrent être mutés dans d'autres services sans aucune responsabilité.

Les droits et taxes liquidés sont perçus par la *Recette principale*, qui suit le recouvrement des droits, taxes et autres redevances, centralise la comptabilité relative à ces droits, taxes et redevances. Elle s'occupe également de la gestion du contentieux du recouvrement. L'appellation Recette principale est relativement récente. Le service était dirigé par un directeur du recouvrement dont le collaborateur, le receveur, était un comptable public alors que le directeur n'avait pas cette qualité. Cette anomalie a été corrigée au début des années 2000, avec la création du poste de receveur principal.

Cette direction et la Direction de la statistique et des études économiques formèrent dans les années 1990 la Direction des recettes et des statistiques.

Comme il apparaît, cet organigramme n'est pas figé. Il peut être actualisé suivant la vision du directeur général et les impératifs du moment. La présentation ci-dessus est donc indicative. À titre d'illustration, la direction générale des douanes n'était composée en 1980 que de quatre directions[17] ci-après :

- la Direction des services centraux ;
- la Direction de l'école des douanes et de la formation professionnelle ;
- la Direction des enquêtes douanières ;
- la Direction des services extérieurs.

Une décennie plus tard, en 1990, aussi bien les dénominations que le nombre de directions[18] ont changé, exception faite des deux dernières :

- la Direction de la réglementation ;
- la Direction des affaires juridiques et de l'équipement ;
- la Direction de la formation et du personnel ;
- la Direction des recettes et des statistiques ;
- la Direction des enquêtes douanières ;
- la Direction des services extérieurs.

Une présentation fonctionnelle de cet organigramme permet de mieux l'appréhender. Sur la base des missions dévolues par les pouvoirs publics, le directeur général définit sa politique qui est mise en œuvre à travers les

---

[17] Circulaire n° 352 du 12 avril 1980 portant répartition des attributions de la Direction générale des douanes et organigramme.

[18] Circulaire n° 651 du 20 avril 1991 portant organisation de la Direction générale des douanes, en application du décret n° 91-55 du 20 février 1991.

différentes directions. La Direction des systèmes d'information, la Direction de la réglementation et du contentieux ainsi que la Direction de l'analyse du risque, du Renseignement et de la valeur, dans leur rôle de support technique, fournissent la matière sur laquelle travaillent les services opérationnels.

La Direction des systèmes d'information détient et met à la disposition des services et des usagers les données à partir desquelles s'effectuent les opérations de dédouanement. Il s'agit notamment de textes législatifs et réglementaires que lui fournit la Direction de la réglementation et du contentieux et de spécifications relatives aux marchandises, aux fournisseurs et aux importateurs, transmises par la Direction de l'analyse du risque, du renseignement et de la valeur. Quant à la Direction des statistiques et des études économiques, elle est principalement cliente de la Direction des systèmes d'information et fournisseur du directeur général et des directions opérationnelles. Elle dispose également de nombreux clients externes que sont les autorités, les opérateurs économiques, les institutions financières internationales.

Les directions régionales, la Direction des services douaniers, du port et des services spéciaux, la Direction des services aéroportuaires, la Direction des régimes économiques et la Direction des enquêtes douanières relèvent de l'opérationnel. Elles sont clientes des prestations fournies par les services support. Elles utilisent l'outil et les applications informatiques mis à leur disposition par la Direction des systèmes d'information, appliquent les textes émanant de la Direction de la réglementation et du contentieux et veillent au respect de ceux-ci. De plus, ces directions sont clientes de la Direction des ressources humaines et de la Direction des moyens généraux, qui leur fournissent les moyens humains et matériels.

La Direction des ressources humaines met à la disposition de l'ensemble des directions les personnels qu'il faut pour leurs missions. La Direction des moyens généraux apporte l'appui logistique et financier nécessaire à la bonne marche des services.

La Direction de la communication, de la qualité et du partenariat avec le secteur privé et la Direction de la formation et de la documentation viennent en soutien à toutes les autres directions, y compris la Direction générale. Toutes ces directions ont un rôle transversal.

La fonction de surveillance et de régulation est assurée par l'Inspection générale.

Au quotidien, l'action de la douane s'exerce sur le territoire douanier, une notion purement douanière qui renvoie à l'espace du territoire national où s'exerce entièrement et pleinement la souveraineté du pays (territoire de la République avec ses eaux territoriales et son espace aérien). Le territoire douanier est de ce fait différent du territoire géographique national.

Cette notion de territoire douanier est très importante, car elle conditionne le régime applicable aux marchandises, au regard de l'origine qu'elle confère à celles-ci.

Des accords entre États peuvent élargir l'espace couvert par le territoire douanier. Il en va ainsi de l'UEMOA dont le Code des douanes[19] en son article 5, stipule :

« Le territoire douanier de l'UEMOA comprend :

- le territoire de la République du Bénin,
- le territoire du Burkina Faso,

---

[19] Annexe au règlement n° 09/2001/CM/UEMOA du 22 novembre 2002 portant adoption du Code des douanes de l'Union économique et monétaire ouest-africaine (UEMOA), Livre I : cadres organisationnels, procédures et régimes douaniers.

- le territoire de la République de Côte d'Ivoire,
- le territoire de la République de Guinée-Bissau,
- le territoire de la République du Mali,
- le territoire de la République du Niger,
- le territoire de la République du Sénégal,
- le territoire de la République togolaise. »

Comme indiqué, le territoire douanier de l'Union est composé de l'ensemble des territoires douaniers des États membres. En conséquence, lorsque la réglementation communautaire entrera dans les habitudes, un régime comme le transit international ne s'appliquera plus dans ses formes actuelles aux marchandises parties de la Côte d'Ivoire pour l'un des pays de l'UEMOA et vice versa. Avec l'entrée en vigueur prochaine du Code des douanes de la CEDEAO[20], le territoire douanier de la communauté s'étendra à l'ensemble des pays membres.

La portée de la notion est plus manifeste au niveau monétaire, notamment dans l'espace de l'UEMOA où il n'y a plus de limitation aux mouvements de capitaux entre États membres pour les résidents[21]. Car, en vertu du principe de libre circulation des signes monétaires au sein de l'Union, aucune déclaration n'est exigée aux résidents pour le transport manuel des billets émis par la BCEAO lors de leurs déplacements dans les États membres de l'UEMOA[22]. Ainsi, autant un citoyen ivoirien peut librement transporter ses ressources financières de Bouaké à Abidjan, autant il peut le faire de Bouaké à Bamako ou

---

[20] Le territoire de la République du Bénin, du Burkina Faso, du Cap-Vert, de la Côte d'Ivoire, de la Gambie, du Ghana, de la Guinée, de la Guinée-Bissau, du Liberia, du Mali, du Niger, de la République fédérale du Nigeria, de la République du Sénégal, de Sierra Leone, du Togo.

[21] Ressortissant d'un pays membre de l'Union.

[22] Article 22, règlement n° 09/2010/CM/UEMOA/ relatif aux relations financières extérieures des États membres de l'Union économique et monétaire ouest-africaine (UEMOA).

de Dakar à Lomé en passant par Abidjan ou Ouagadougou dans des conditions identiques.

A contrario, les voyageurs se rendant dans les États non-membres de l'UEMOA sont tenus de déclarer les devises dont ils sont porteurs, lorsque leur montant excède la contre-valeur d'un million (1 000 000) de francs CFA[23].

Que ce soit l'UEMOA ou la CEDEAO, ces arrangements entre États contiennent d'importants volets douaniers. Dans certains cas, on pourrait affirmer sans excès que la douane en est l'élément moteur. Les zones de libre-échange, les unions douanières, les marchés communs et les unions économiques l'attestent, s'il en était besoin.

Comme on peut le noter, une *Zone de libre-échange* est un accord supprimant les barrières douanières entre pays concernés d'une zone donnée. Elle implique l'élimination des quotas entre eux et la non-imposition de leurs produits respectifs tout en gardant à l'égard des pays tiers leurs différents tarifs douaniers. La Zone de libre-échange continentale africaine (ZLECAf) en est une illustration. Avec sa mise en œuvre, les pays africains envisagent la suppression des barrières douanières et des restrictions non commerciales, en vue de favoriser la libre circulation de leurs différents produits partout en Afrique.

On remarquera que l'*union douanière* présente les mêmes caractéristiques que la Zone de libre-échange dont elle est l'approfondissement. Mais à la différence de cette dernière, les États renoncent à leur propre tarif au profit d'un tarif extérieur commun. L'appellation *union douanière* ici est révélatrice de l'importance de la douane dans cet arrangement.

Tous les autres types de regroupements ont pour base les unions douanières. Les *marchés communs* ajoutent aux unions douanières la liberté de circulation des facteurs de

---

[23] Article 23, *ibidem*.

production (capital et travail) et la conduite de certaines politiques sectorielles communes.

Les *unions économiques* sont, quant à elles, une évolution des marchés communs auxquels elles ajoutent la conduite de certaines politiques de développement communes. La CEDEAO se veut à ce stade depuis l'entrée en vigueur du Tarif extérieur commun (TEC). Mais elle ne dispose pas encore d'un marché commun. Les échanges entre États membres de cet espace sous-régional sont très faibles. Un Code des douanes est en finalisation et devrait contribuer à renforcer l'union économique. Un projet de monnaie commune est en cours et pourrait ouvrir à la CEDEAO les voies d'une union économique et monétaire.

Les *unions économiques et monétaires* sont des unions économiques (coordination des politiques économiques et budgétaires) et monétaires (politique monétaire indépendante, monnaie unique). Elles se caractérisent par l'instauration d'une monnaie unique à la zone et une institution monétaire unique pour la gérer.

Tel qu'il ressort, tous ces accords ont pour base primaire des avantages douaniers. C'est pourquoi les signer sans associer au départ les services douaniers, comme il est constant de le remarquer, ne met pas les États signataires à l'abri de risques. Car le dédouanement des marchandises tient en grande partie compte de ceux-ci. Certains confèrent une origine préférentielle, source d'avantages multiples et aussi d'assauts répétés des fraudeurs.

Outre l'origine, la valeur et l'espèce tarifaire sont prises en compte dans le dédouanement de la marchandise. Bien sûr, de légères spécificités sont observables relativement aux produits pétroliers et aux véhicules. Mais de façon générale, l'importateur ou l'exportateur s'attache les services d'un commissionnaire en douane agréé, improprement appelé transitaire. Celui-ci est le seul reconnu par la loi ivoirienne pour représenter l'importateur ou l'exportateur auprès de l'Administration des douanes. Les propriétaires des marchandises ne sont admis à le faire eux-mêmes que lorsqu'il n'existe pas de commissionnaire en douane établi au lieu du dédouanement, ou lorsque l'opération porte sur des envois dépourvus de caractère commercial.

Dans le cadre d'une importation, l'importateur remet au « transitaire » tous les documents relatifs à sa marchandise : les factures (fournisseur, et fret suivant l'incoterm), les différents certificats et documents détenus à l'occasion de l'importation de sa marchandise, les caractéristiques techniques du produit, etc. Muni de ces éléments, ce dernier va établir une déclaration en détail dans le Système de dédouanement automatisé des marchandises (SYDAM[24]) et la présenter au contrôle de la douane. Lorsque la déclaration est sélectionnée pour être contrôlée, il s'occupera de payer les droits et taxes éventuels et procéder enfin à l'enlèvement des colis. L'opérateur peut disposer de sa marchandise sans contrôle préalable de l'Administration des douanes lorsque l'envoi remplit un certain nombre de critères de fiabilité. Ledit envoi est dit en circuit vert.

Cette procédure est très dynamique et peut varier pour tenir compte de la tendance de fraude ou de certaines contraintes techniques.

Il y a lieu de préciser que la valeur de la marchandise est l'estimation douanière du coût de celle-ci et sert à déterminer la base imposable pour le calcul des droits et taxes. Elle inclut, suivant les incoterms, le fret et l'assurance. Bien souvent, elle renvoie à la valeur CAF (Coût Assurance et Fret). La valeur de la marchandise est

---

[24] Avec l'avènement du Guichet unique du commerce extérieur (GUCE) mis en place par la société Webb Fontaine, les soumissions des déclarations se font par ce canal.

à différencier du prix de celle-ci. En plus d'être la base d'imposition de la marchandise, la valeur permet d'établir les statistiques du commerce extérieur et d'appliquer les restrictions quantitatives.

Plusieurs types de valeurs servent au calcul des droits : les valeurs spécifiques, déterminées au poids, au mètre, au kilo, à la paire, les valeurs mercuriales ou valeurs barèmes, dites valeurs administratives, et la valeur transactionnelle. Plus usitée de toutes, la valeur transactionnelle est issue de l'article 7 des accords du GATT[25]. C'est une évaluation qui privilégie le prix effectivement payé ou à payer à l'occasion d'une vente avec exportation. Ce prix comprend non seulement le prix d'achat de la marchandise, mais également l'ensemble des frais liés à son acquisition, à sa conservation dans le pays d'exportation et à son transport.

Dans un environnement comme le nôtre, marqué par de constantes manipulations de factures, il est quasiment impossible de disposer du prix *effectivement* payé ou à payer. À défaut d'accepter les valeurs qui leur sont présentées sur les factures, faute de mieux, les agents doivent constamment recourir à des méthodes de substitution.

En effet, lorsqu'il n'est pas possible d'obtenir de l'importateur le prix effectivement payé ou à payer, l'accord prévoit des mécanismes de détermination de la valeur. Ceux-ci prennent en compte la valeur transactionnelle de marchandises identiques ou, à défaut, la valeur transactionnelle de marchandises similaires. Dans certains cas, le recours à des calculs est nécessaire pour l'évaluation des marchandises. On parle alors de méthodes déductives (détermination de la valeur en douane à partir du prix de revente de la marchandise importée ou de marchandises identiques ou similaires

---

[25] GATT : General Agreement on Tariffs and Trade.

importées sous réserve de la déduction des droits et taxes perçus à l'importation et de la marge bénéficiaire) ou de valeur calculée (établie à partir des coûts de production fournis par le producteur de la marchandise considérée).

Le contrôle de la valeur permet la juste perception des droits à recouvrer. Il permet en outre de lutter contre la sous-évaluation et le dumping (pratique commerciale contraire à la concurrence) tout en améliorant la collecte des statistiques du commerce extérieur. La valeur est donc un important élément du contrôle douanier.

Cet accord est dorénavant connu sous l'appellation d'Accord de l'OMC[26] sur l'évaluation en douane. Il remplace une première approche, dite Valeur de Bruxelles. Celle-ci définissait la valeur comme étant le prix normal dans des conditions de pleine concurrence convenu entre un acheteur et un vendeur, indépendants. Cette définition de la valeur qui semblait donner plus de pouvoir aux administrations douanières en matière d'évaluation a été abandonnée au profit de la valeur transactionnelle.

De récentes réflexions dans le milieu douanier vont au-delà des enjeux commerciaux de la valeur et y attachent un aspect sécuritaire. Il semble établi qu'à travers la sous-facturation ou la surfacturation peuvent se cacher des enjeux criminels, liés au financement du terrorisme. Le terrorisme se nourrissant principalement de flux financiers illicites, les fausses déclarations de valeurs peuvent constituer des voies de financement.

L'espèce tarifaire telle qu'utilisée dans les administrations douanières relève de la convention internationale sur le Système harmonisé de désignation et de codification des marchandises. Cette convention, signée à Bruxelles le 14 juin 1983, a pour objectifs de :

- faciliter le commerce international ;

---

26 OMC : Organisation mondiale du commerce créée le 1er janvier 1995, en remplacement du GATT.

- faciliter le traitement statistique des données du commerce international ;
- réduire les coûts induits par les efforts d'interprétation et de traduction des différents systèmes de collecte et de présentation de l'information statistique ;
- produire une désignation des marchandises mondialement admise.

La nomenclature, qui est une classification reconnue par un certain nombre d'opérateurs internationaux (statisticiens, transporteurs, commerçants, Administration des douanes), permet de classer dans une catégorie donnée toutes les marchandises susceptibles de transactions commerciales. Les taux applicables aux biens importés ou à exporter sont déterminés sur la base de cette classification.

Plus qu'un outil de travail, le tarif douanier est un instrument de politique économique et financière. Car, par-dessus la collecte des droits et taxes pour le compte du Trésor public, le tarif permet aux pouvoirs publics d'influencer les prix à la consommation de biens importés en les rendant hors de portée, ou plus accessibles, au plus grand nombre. Ce mécanisme permet actuellement l'importation de matériels informatiques à des taux réduits. Il pourrait être avantageusement étendu aux appareils médicaux, afin d'en faciliter l'acquisition par les cliniques privées. Ce faisant, les pays contribueraient à améliorer l'offre sanitaire qui, dans la plupart des pays africains, est des plus désastreuses.

L'origine est le lien géographique qui lie une marchandise à un pays donné où elle est réputée être produite, récoltée, extraite du sol ou fabriquée. On parle alors de pays d'origine du produit. Elle est utilisée pour l'application de mesures ou d'instruments de politique commerciale (droits antidumping, mesures de sauvegarde), la détermination des avantages à accorder aux produits importés (traitement de la nation la plus favorisée, traitement préférentiel). Elle est aussi utilisée à des fins statistiques. La prise en compte de l'origine permet en outre de rassurer les pouvoirs publics et les populations sur la qualité des produits importés (contrefaçon, épizootie de la fièvre aphteuse, grippe aviaire), ou sur le pays d'exportation (crédibilité par rapport aux documents commerciaux, embargo frappant les exportations).

La détermination de l'origine s'appuie sur des critères appelés règles d'origine, établis par les législations nationales des États ou par des accords internationaux. En la matière, l'on distingue des règles d'origine non préférentielles, à l'initiative de chaque pays ou des unions douanières régionales et des règles d'origine préférentielles, basées sur des accords bilatéraux ou multilatéraux. Des avantages spécifiques s'attachent aux origines préférentielles, contrairement aux origines non préférentielles.

L'harmonisation des règles d'origine est l'une des préoccupations majeures de l'OMC et de l'OMD, au regard de la multiplicité et de la variété des règles existantes et qui apparaissent comme un frein à la sécurisation et à la facilitation du commerce international. Ces deux organisations sont confrontées au défi d'élaborer des règles d'origine uniques aux fins de toute politique commerciale non préférentielle. Une détermination claire et prévisible de l'origine pourrait éviter des conflits et faciliter le commerce.

Pour l'heure, de nombreuses règles de détermination de l'origine continuent d'être appliquées à travers le monde, notamment lorsque le produit est obtenu à partir de matières premières d'origines différentes. Sont souvent pris en compte, le plus fort pourcentage de matière émanant d'un des pays fournisseurs, le changement de position tarifaire obtenu, le niveau de l'ouvraison ou la valeur ajoutée consécutive. Dans ce dernier cas, on parle aussi de *transformation économiquement justifiée*. Ne contribuent pas à déterminer l'origine, les apports destinés à faciliter le transport ou la conservation du produit, les opérations de groupage, dégroupage, emballage. L'assemblage de pièces et la mise en bouteille ne suffisent pas non plus à conférer l'origine, tout comme le reconditionnement.

L'origine est à dissocier de la provenance, qui est le dernier lieu de chargement du produit à destination du pays d'importation. La provenance n'est importante que pour l'application des mesures sanitaires ou phytosanitaires, sans enjeu pour les droits et taxes ; ce qui est tout le contraire de l'origine, qui peut avoir une incidence sur lesdits droits et taxes.

Pour contrôler l'origine d'un produit présenté au dédouanement, la douane vérifie le certificat d'origine, un document aux caractéristiques très variées, généralement délivré par les administrations douanières des pays exportateurs ou les chambres de commerce. Certains États autorisent l'auto-certification, la certification de l'origine faite par les responsables d'entreprises eux-mêmes ou par les importateurs.

Avec la création de l'UEMOA, puis l'entrée en vigueur du tarif extérieur de la CEDEAO, le contrôle des règles d'origine prend davantage d'importance au vu des risques d'importations frauduleuses de marchandises extracommunautaires sous le couvert de l'origine d'un des pays membres de ces organisations.

Lorsque les données relatives à l'origine, à l'espèce tarifaire et à la valeur sont renseignées et la déclaration élaborée, celle-ci est présentée à un bureau des douanes, traditionnellement situé aux frontières terrestres, maritimes ou aériennes. Chaque bureau des douanes dispose d'une brigade de surveillance dont la zone de compétence est appelée la penthière. Une notion à distinguer du rayon des douanes, qui est une zone de surveillance spéciale organisée le long des frontières terrestres et maritimes. En tant que zone de surveillance exclusive, la détention de marchandises étrangères y est plus sévèrement contrôlée par les services douaniers, avec obligation faite aux usagers de justifier l'origine des marchandises qu'ils détiennent, de présenter toutes factures ou documents douaniers (quittances des droits et taxes, acquits-à-caution, passavants[27], etc.) afférents auxdites marchandises.

Outre les frontières, les agents des douanes sont autorisés à vérifier partout sur le territoire douanier la régularité des marchandises qui circulent ou qui sont détenues par les personnes. À cet effet, l'article 175 du Code des douanes dispose :

« 1° Ceux qui détiennent ou transportent les marchandises spécialement désignées par décret doivent à première réquisition des agents des douanes produire soit des quittances attestant que ces marchandises ont été régulièrement importées, soit des factures d'achat, bordereaux de fabrication ou toutes autres justifications d'origine émanant de personnes ou sociétés régulièrement établies à l'intérieur du territoire douanier.

2° Ceux qui ont détenu, transporté, vendu, cédé ou échangé lesdites marchandises et ceux qui ont établi les justifications d'origine sont également tenus de présenter les documents visés au paragraphe 1 ci-dessus à toute

---

[27] Le passavant est un titre qui permet la circulation des marchandises dans le territoire douanier en vue de leur dédouanement au bureau des douanes compétent.

réquisition des agents des douanes formulée dans le délai de trois ans soit à partir du moment où les marchandises ont cessé d'être entre leurs mains, soit à partir de la date de délivrance des justifications d'origine.

3° Ne tombent pas sous l'application de ces dispositions les marchandises que les détenteurs, transporteurs, ou ceux qui les ont détenues, transportées, vendues, cédées ou échangées, prouvent, par la production de leurs écritures, avoir été importées détenues ou acquises en Côte d'Ivoire, antérieurement à la date de publication des décrets susvisés[28]. »

Les marchandises concernées par cet article[29] sont :

1. Les marchandises dont l'importation est prohibée à quelque titre que ce soit (il s'agit aussi bien de prohibition absolue que de prohibition relative, qui soumet l'importation des marchandises à l'accomplissement de certaines formalités particulières) ;

2. Les marchandises faisant l'objet de mesures de contingentement (mesures de limitation des quantités à l'importation) ;

3. Les marchandises susceptibles d'alimenter les courants de fraude : alcools, tabacs, etc.

Vu sous cet angle, très peu de marchandises échappent à la notion de prohibition. Aussi, est-il important de toujours se munir des justificatifs des articles que l'on possède, surtout lors de déplacements, au risque d'entrer en conflit avec l'administration.

Les conflits avec l'Administration des douanes peuvent résulter du non-respect de la réglementation douanière ou

---

[28] Décret n° 64-306 du 17 août 1964 définissant les produits et marchandises auxquels sont applicables les dispositions de l'article 175 du Code des douanes.

[29] L'arrêté n° 2 du 5 janvier 1977 fixant les modalités des produits et marchandises auxquels sont applicables les dispositions de l'article 175 du Code des douanes fournit la liste limitative des produits concernés par les paragraphes 2 et 3 du décret.

d'une différence d'appréciation d'un des éléments essentiels de la déclaration. Des blocages peuvent être observés dans la procédure, à l'initiative d'une des parties (administration, usagers). Quel que soit le cas de figure, un mécanisme de règlement approprié existe. Il s'agit du contentieux douanier. Mais avant d'y arriver, des voies d'arbitrage sont disponibles sous la forme d'organes consultatifs, mis en place par la législation et la réglementation douanières (le Comité supérieur du tarif et le Comité consultatif de la valeur), à l'initiative de l'Administration des douanes et du secteur privé (Observatoire de la célérité des opérations de dédouanement) ou à la seule initiative de l'Administration des douanes (Comité d'arbitrage de la valeur).

Prévu par l'article 22 du Code des douanes, le *Comité supérieur du tarif des douanes* est une commission administrative chargée de connaître en premier et dernier ressort les réclamations des opérateurs économiques relatives à l'espèce tarifaire, à la valeur et à l'origine des marchandises. Il est présidé par un conseiller à la Cour d'appel désigné par ordonnance du premier président et comprend un représentant du ministre en charge de la Douane, un représentant du ministre en charge de la Ressource litigieuse, deux représentants des chambres de commerce, d'agriculture et d'industrie, et deux experts désignés, l'un par l'Administration des douanes, l'autre par le requérant. Ces experts sont choisis pour chaque affaire dans la spécialité afférente à la marchandise faisant l'objet de litige ou, à défaut, dans la spécialité afférente aux marchandises présentant le plus d'analogie avec les marchandises concernées.

Bien que prévu par le Code des douanes, le Comité supérieur du tarif est non fonctionnel depuis plusieurs décennies, pour des motifs que l'on ignore. Peu d'agents des douanes aujourd'hui en activité peuvent l'expliquer.

Pour traiter spécifiquement des questions de valeur, il avait été créé par le décret n° 88-223 du 2 mars 1998 le Comité consultatif de la valeur (CCV). Les avis du CCV ne s'imposaient pas à l'usager qui pouvait toujours recourir au Comité supérieur du tarif. En revanche, ces avis s'imposaient à la douane.

Depuis sa mise en veilleuse au milieu des années 1990, avec notamment le rôle d'évaluation accordé à la SGS dans le cadre du programme de vérification des importations, l'Administration des douanes se dotera, au début des années 2000, d'un Comité d'arbitrage de la valeur. Présidé par un cadre de l'Administration des douanes, le Comité d'arbitrage de la valeur est composé de membres issus de l'Administration publique (douanes, ministère du Commerce et ministère de l'Industrie) et du secteur privé. Tout comme le CCV, ses avis s'imposent à la douane, mais pas aux opérateurs économiques qui peuvent recourir aux tribunaux.

L'*Observatoire de la célérité des opérations de dédouanement*, encore appelé OCOD, est un organe paritaire né de la volonté croisée du secteur privé et de l'Administration des douanes de se doter d'un outil de médiation. Selon les textes, il doit être dirigé par les deux entités en alternance tous les six mois.

Les saisines de l'OCOD se font par tous les moyens utiles. Lorsqu'il est saisi d'une affaire, l'Observatoire approche les parties en conflit pour une meilleure compréhension du dossier avant de convenir de la conduite à tenir. Il s'agit de faire comprendre à la partie fautive la nécessité du respect des textes dont elle s'est écartée. Qu'elles soient de l'Administration ou du secteur privé, les parties reconnues fautives coopèrent, en général.

Quant au contentieux douanier, il prend exclusivement sa source dans le Code des douanes qui est la voie légale de règlement des litiges nés des infractions douanières.

L'infraction douanière s'entend de toute violation des dispositions légales ou réglementaires que l'Administration des douanes est chargée de faire respecter.

En matière douanière, il existe deux types d'infractions : les *contraventions* et les *délits*. Il n'existe pas de crimes.

Contraventions : infractions à la réglementation douanière qui ne comportent pas de peine de prison et qui ne sont sanctionnées que par des réparations pécuniaires (confiscation ou amende).

Délits : toutes infractions douanières sanctionnées d'une peine d'emprisonnement et d'autres peines moins sévères. Il en existe deux types : les délits d'importation ou d'exportation sans déclaration et les délits de contrebande.

Les dispositions répressives du contentieux douanier, reprises de l'ancien Code des douanes de France et abandonnées depuis dans ce pays, comportent des prescriptions obsolètes et nécessitent une actualisation. Les fraudeurs disposent aujourd'hui de moyens autres que des chevaux ou des ânes pour frauder. Les impressions en 3D permettent des « importations » sans déplacement physique de la marchandise… Et puis, combien y a-t-il d'ânes dans ce pays ? Il est temps de procéder au toilettage de ce code vieux de plus de cinquante ans et qui, par ailleurs, est incomplet et parfois mal agencé, notamment la partie réglementaire. De plus, des défis nouveaux relatifs aux stupéfiants, au blanchiment de capitaux et à la lutte contre la contrefaçon (atteinte aux droits de la propriété intellectuelle) n'y apparaissent pas ou ne sont pas explicités. L'environnement numérique, qui impacte fortement l'activité douanière avec notamment le commerce électronique, impose des mises à jour.

Deux notions fortes nécessitent une clarification, pour une meilleure appréhension des sanctions douanières. Il s'agit des notions de prohibition et de marchandise fortement taxée.

Sont dites *prohibées*, au sens du Code des douanes :

1) toutes marchandises dont l'importation ou l'exportation est interdite à quelque titre que ce soit, ou soumise à des restrictions, à des règles de qualité, de conditionnement ou à des formalités particulières ;
2) toutes marchandises dont l'importation ou l'exportation n'est permise que sur présentation d'une autorisation, licence, certificat, etc., lorsque ces marchandises ne sont pas accompagnées d'un titre régulier ou si elles sont présentées sous le couvert d'un titre inapplicable ;
3) les produits étrangers portant, soit sur eux-mêmes, soit sur des emballages, caisses, ballots, enveloppes, bandes ou étiquettes, etc., une marque de fabrique ou de commerce, un nom, un signe ou une indication quelconque de nature à faire croire qu'ils ont été fabriqués en Côte d'Ivoire ou qu'ils sont d'origine ivoirienne ;
4) les produits étrangers, fabriqués ou naturels, obtenus dans une localité de même nom qu'une localité ivoirienne, qui ne portent pas en même temps que le nom de cette localité le nom du pays d'origine et la mention « importés » en caractères manifestement apparents ;
5) tous produits étrangers qui ne satisfont pas aux obligations imposées par la loi en matière d'indication d'origine.

Sont considérées comme *marchandises fortement taxées* celles dont le droit inscrit au tarif d'entrée ou de sortie excède 20 % s'il s'agit d'un droit *ad valorem,* ou représente plus de 20 % de la valeur s'il s'agit d'un droit spécifique.

Plus prosaïquement, il s'agit de marchandises pour lesquelles l'ensemble des droits de douane, prélèvements et taxes diverses applicables à l'importation ou l'exportation représente plus de 20 % de leur valeur.

Pour la détermination de ce taux de 20 %, à l'import, l'ensemble des droits inscrits au tarif d'entrée de la marchandise, TVA comprise, est pris en compte. À l'export, la détermination de la notion de fortement taxée est calculée sur la base du tarif d'entrée de la marchandise.

Lorsque l'infraction est décelée, l'agent des douanes la constate au moyen d'une soumission contentieuse ou d'un procès-verbal. Si la soumission contentieuse ouvre droit à un règlement à l'amiable du litige par la voie transactionnelle, le procès-verbal, outre cette possibilité, peut aboutir en justice.

1.3 La législation et la réglementation

L'action de l'Administration douanière tire sa source d'une législation et d'une réglementation : le droit douanier, un droit public spécial méconnu. Celui-ci doit son existence à des sources législatives (Code des douanes, Tarif des douanes), à des sources réglementaires (décrets, arrêtés, décisions et circulaires), à des sources non douanières (législation et réglementation des autres administrations que la douane est chargée de faire respecter) et à des sources conventionnelles (accords, arrangements, traités ou conventions internationales avec incidence douanière). Le contentieux douanier ivoirien se soldant presque toujours par la voie transactionnelle, la jurisprudence est très pauvre.

En raison de leur importance, il ne serait pas inutile de rappeler quelques-uns de ces accords et conventions. Il s'agit principalement de :

- la convention portant création d'un Conseil de coopération douanière, signée à Bruxelles le 15 décembre 1950 et entrée en vigueur le 4 novembre 1952 ;
- la convention internationale sur le Système harmonisé de désignation et de codification des marchandises, entrée en vigueur le 1er janvier 1988 ;
- la convention sur la Nomenclature pour la classification des marchandises dans les tarifs douaniers et Protocole de rectification y afférent, entrée en vigueur le 11 septembre 1959 ;
- la convention douanière relative aux facilités accordées pour l'importation de marchandises destinées à être présentées ou utilisées à une exposition, une foire, un congrès ou une manifestation similaire ; entrée en vigueur le 13 juillet 1962 ;
- la convention douanière sur le carnet ATA pour l'admission temporaire de marchandises (Convention ATA), signée à Bruxelles en 1961 et entrée en vigueur le 30 juillet 1963 ;
- la convention douanière relative au matériel de bien-être destiné aux gens de mer, entrée en vigueur le 11 décembre 1965 ;
- la convention internationale pour la simplification et l'harmonisation des régimes douaniers (Convention de Kyoto) amendée, entrée en vigueur le 3 février 2006 ;
- la convention internationale d'assistance mutuelle administrative en vue de prévenir, de rechercher et de réprimer les infractions douanières (Convention de Nairobi), entrée en vigueur le 21 mai 1980 ;
- la convention relative à l'admission temporaire (Convention d'Istanbul), entrée en vigueur le 27 novembre 1993 ;

- l'accord sur la mise en œuvre de l'article VII de l'Accord général sur les tarifs douaniers et le commerce de 1994.

On note l'existence de nombreuses conventions, dont certaines sont appliquées *de facto*, qui n'ont pas fait l'objet d'adhésion ni de ratification. Il s'agit de :

- la convention douanière relative à l'importation temporaire des emballages, entrée en vigueur le 15 mars 1962 ;
- la convention douanière relative à l'importation temporaire de matériel professionnel, entrée en vigueur le 1er juillet 1962 ;
- la convention douanière relative à l'importation temporaire de matériel scientifique, entrée en vigueur le 5 septembre 1969 ;
- la convention douanière relative à l'importation temporaire de matériel pédagogique, entrée en vigueur le 10 septembre 1971 ;
- la convention douanière relative aux conteneurs, signée en 1972 et entrée en vigueur le 6 décembre 1975 ;
- la convention relative à l'admission temporaire (Convention d'Istanbul), entrée en vigueur le 27 novembre 1993 ;
- la convention internationale d'assistance mutuelle administrative en matière douanière (Convention de Johannesburg) conclue le 27 juin 2003.

Le choix d'exposer cet ensemble d'accords et de conventions s'explique d'une part par un souci d'information, car il n'existe pas de recueil au sein des Douanes ivoiriennes reprenant les conventions ratifiées, et d'appeler d'autre part l'attention des autorités sur les conventions « en souffrance », mais appliquées *de facto*.

1.4 Le personnel douanier

D'un effectif d'environ 4 000 agents, le personnel de l'Administration des douanes est composé :

- d'administrateurs des services financiers, recrutés au niveau de la maîtrise ou de tout autre diplôme reconnu équivalent. Ils sont chargés des tâches de conception et gèrent généralement les services ;
- d'inspecteurs des douanes, recrutés au niveau du DEUG[30] ou de tout autre diplôme reconnu équivalent ; ils sont chargés des tâches d'application, notamment du calcul de l'assiette et de la liquidation des droits et taxes ;
- de contrôleurs des douanes, recrutés au niveau du baccalauréat et qui s'occupent de l'encadrement des agents subalternes ;
- d'agents d'encadrement des douanes, recrutés au niveau du BEPC[31]. Ils sont des agents d'exécution.

Un personnel technique non douanier, notamment des statisticiens, des informaticiens et des secrétaires, fait partie de ce personnel.

Le corps des préposés de douanes, agents recrutés au niveau du CEPE parmi les citoyens nationaux ayant accompli le service militaire, est aujourd'hui éteint. Une bonne partie de la « légende » du douanier opulent et arrogant est née avec ces agents. Les histoires les concernant, les frasques ou loufoqueries de certains d'entre eux sont connues de chaque foyer. Il s'en raconte dans le milieu douanier.

À l'époque de leur toute-puissance, il existait deux corps de douanes distincts, aujourd'hui harmonisés. Le corps sédentaire, composé des administrateurs des services financiers, des inspecteurs des douanes, des contrôleurs des douanes et des agents de constatation des douanes, et

---

[30] DEUG : Diplôme universitaire d'études générales (bac + 2).

[31] BEPC : Brevet d'études du premier cycle.

le corps actif, celui des préposés des douanes et des différents niveaux d'officiers. Contrairement au personnel du corps actif, celui du corps sédentaire n'avait pas d'uniforme et n'avait pas droit au logement. Ils étaient de ce fait moins connus. Les préposés ne semblaient avoir de respect que pour les contrôleurs, inspecteurs et administrateurs autorisés à porter la tenue. Un héritage du passé colonial qui donnait la primauté à l'uniforme et dont ont du mal à se défaire la plupart des agents des corps dits habillés dans les pays africains.

Le personnel douanier est mixte dans toute sa composante. Contrairement à certains corps, où on observe une sorte de condescendance à l'égard du personnel féminin, la douane peut s'enorgueillir de s'être affranchie de ce complexe. En cela, hommage doit être rendu aux anciens, dont l'une des résolutions du Premier congrès du Syndicat unique des agents des douanes, tenu du 8 au 11 mars 1967 au Centre culturel de Treichville, demandait que l'Administration « recrute du personnel féminin pour certaines tâches, et surtout pour rendre effective l'égalité entre l'homme et la femme instituée par notre Code civil ». Cette volonté du personnel trouvera un écho favorable auprès du directeur des douanes, dont l'avis avait été requis par la tutelle. Dans sa réponse adressée au ministre délégué aux Affaires économiques et financières, il marquera son accord, avec une réserve, en ces termes : « Je signale à ce sujet que si certains corps de l'Administration ne peuvent comprendre des éléments féminins (corps paramilitaires), par contre nos sœurs ont la possibilité d'accéder aux autres corps (corps civils). Elles devront cependant remplir les mêmes conditions que les hommes (diplômes, concours). Les femmes peuvent donc être des agents de constatations, des contrôleurs, des inspecteurs et administrateurs des services financiers. Il leur suffit de se présenter aux concours qui sont organisés[32]. »

1.4.1 Le recrutement et la formation du personnel

Le recrutement à la douane se fait par concours. Les agents des catégories A (administrateurs des services financiers, inspecteurs des douanes) et B (contrôleurs des douanes) sont recrutés et formés par l'École nationale d'administration. Ceux de la catégorie C (agents d'encadrement des douanes) sont directement recrutés par le ministère en charge de la Fonction publique et formés par la douane.

L'École nationale d'administration est une grande école publique créée par le décret n° 60-271 du 2 septembre 1960 *portant création d'une École nationale d'administration* avec pour mission la formation des cadres de l'administration étatique. En son article premier, ce décret stipule : « Il est créé une École nationale d'administration chargée de la formation des fonctionnaires qui se destinent aux corps des administrations générales, financières, économiques, sociales et judiciaires, à la carrière diplomatique, à la magistrature, ainsi qu'aux corps, services ou carrières déterminés par décrets contresignés des ministres intéressés et du ministre des Finances, des Affaires économiques et du Plan. L'École nationale d'administration comporte un cycle de formation destiné au recrutement des fonctionnaires classés dans les corps de la catégorie A (cycle A) de la fonction publique et un cycle de formation correspondant aux corps de la catégorie B de la même hiérarchie (cycle B). » Par décret n° 91-29

---

[32] Note du directeur des douanes à M. le ministre délégué aux Affaires économiques et financières du 10 août 1967, relative à son avis sur des travaux des commissions et résolutions finales du Premier congrès national du Syndicat unique des agents des douanes.

du 6 février 1991, l'ENA a été érigée en Établissement public national à caractère administratif. Aux termes de l'article 2 du décret n° 97-25 du 15 janvier 1997 *déterminant les attributions, l'organisation et le fonctionnement de l'École nationale d'administration (ENA)*, « l'École nationale d'administration, établissement d'enseignement supérieur, est une école d'application chargée de la formation initiale et permanente des fonctionnaires et agents de l'État qui se destinent aux emplois à caractère administratif, juridique et de la diplomatie, aux emplois de gestion économique et financière ainsi qu'à la magistrature. » L'ENA forme également des cadres de certains pays africains.

Le recrutement à l'École nationale d'administration se fait par voie de concours ouverts aux citoyens ivoiriens des deux sexes, titulaires du bac pour le cycle moyen, du DEUG pour le cycle moyen supérieur et de la maîtrise pour le cycle supérieur, ou de diplômes équivalents.

Le choix des filières se fait suivant le classement à l'entrée à l'ENA. Pendant longtemps, les majors ont choisi d'aller en douane. Les Impôts et le Trésor étaient ensuite choisis. Cette tendance a quelque peu varié. De plus en plus de majors au concours d'entrée optent soit pour les Impôts, soit pour le Trésor.

Les fonctionnaires des catégories C, B et A3 des administrations du Trésor public, des Impôts, du Commerce, des Finances générales peuvent, par concours professionnel organisé par l'ENA, intégrer la douane au niveau contrôleur (catégorie B), inspecteur (grade A3) et au rang d'administrateur (grade A4). Ces administrations offrent les mêmes emplois que la douane.

Le programme de formation à l'ENA est composé de matières générales et de matières spécifiques. Les matières générales, ou matières de culture générale, englobent les matières nécessaires au développement intellectuel des apprenants et n'ayant aucune incidence directe sur l'apprentissage du métier considéré. Communes à plusieurs filières, celles-ci représentent environ le tiers du volume horaire de chaque cycle. Leur programmation et leur mise en œuvre relèvent de la compétence de l'ENA. Les matières dites spécifiques se rapportent aux matières qualifiantes dans la filière. Elles sont élaborées et mises en œuvre par les administrations d'accueil, exception faite de la programmation. Pour ces dernières, la douane a le choix des formateurs et des contenus, mais demeure limitée dans le nombre de matières à inscrire au programme. En effet, la détermination du volume horaire global par cycles ne lui incombe pas.

La formation, qui avait une durée de deux ans pour tous les cycles et pour toutes les filières, dont une année théorique exclusivement passée à l'ENA et huit mois de stage pratique effectué dans les administrations auxquelles se destinaient les élèves, est désormais variable[33]. Elle est de trente mois pour les cycles supérieurs, vingt-quatre mois pour le cycle moyen supérieur et vingt mois pour le cycle moyen.

L'École des douanes, ou ce qu'il est convenu d'appeler comme telle, est en réalité un centre d'éducation professionnel créé par le décret n° 62-143 du 5 mai 1962 portant création et organisation du Centre d'éducation professionnelle des agents des douanes avec pour missions :

- la formation professionnelle des candidats ayant subi avec succès les épreuves des concours pour le recrutement des agents d'encadrement et de constatation ;

[33] Décret n° 2016-1155 du 28 décembre 2016 portant attribution, organisation et fonctionnement de l'École nationale d'administration, en abrégé ENA.

- l'entretien professionnel des agents d'encadrement et des contrôleurs, agents désignés par le directeur des douanes sur proposition des chefs directs.

L'École des douanes relevait jusqu'en 2010 de la sous-direction de la formation, dont elle se confondait dans les faits. La circulaire n° 1280 du 15 juin 2005 organisant la direction générale des douanes en précise ainsi la structuration : « Placée sous l'autorité d'un sous-directeur qui dispose d'un secrétariat, la sous-direction de la formation est chargée de la formation initiale des agents nouvellement recrutés et du perfectionnement de ceux qui sont en activité. Le sous-directeur est responsable de l'École des douanes. » Depuis la signature du décret n° 2011-222 du 7 septembre 2011 portant organisation du ministère de l'Économie et des Finances, une direction nouvellement créée, la direction de la formation et de la documentation a repris les anciennes attributions de la sous-direction de la formation.

Contrairement à l'ENA, où le responsable de la douane a une marge de manœuvre réduite, à l'École des douanes, lieu de formation des agents d'encadrement des douanes, il dispose des pleins pouvoirs pour l'élaboration et la mise en œuvre des programmes.

L'enseignement à l'École des douanes est dispensé par du personnel choisi par l'administration de l'école. En dehors des matières générales, toutes les autres sont assurées par des agents des douanes en activité ou à la retraite. La durée de la formation est d'une année. Celle-ci se compose de deux mois de formation militaire, six mois de formation théorique et trois mois de stage pratique.

Le recrutement à l'École des douanes est assuré par le ministère en charge de la Fonction publique. Les postulants doivent être titulaires du BEPC et avoir accompli le service militaire. Les effectifs à former sont déterminés par la douane.

À l'École des douanes n'étaient formés que les préposés des douanes, recrutés au niveau du CEPE parmi les candidats ayant accompli le service militaire, et les agents de constatation des douanes, recrutés au niveau du BEPC sans obligation de formation militaire. Ces deux corps n'existent plus aujourd'hui. Ils ont été fusionnés dans celui des agents d'encadrement.

La première promotion de cette nouvelle catégorie d'agents a été recrutée en 2001. Depuis, deux autres promotions ont été recrutées, en 2003 et en 2004. Deux recrutements spéciaux (sans concours) d'agents d'encadrement ont aussi été effectués dans le cadre de la sortie de crise.

La formation de ces agents avait fait l'objet d'une divergence de vues entre l'administration douanière et le ministère en charge de la Fonction publique. S'appuyant sur les décrets n° 93-608 du 2 juillet 1993 portant classification des grades et emplois dans l'administration de l'État et dans les établissements publics nationaux et n° 93-609 du 2 juillet 1993 portant modalités particulières d'application du statut général de la fonction publique, le ministère de la Fonction publique soutenait que les candidats recrutés à la suite du concours devenaient de plein droit agents d'encadrement des douanes dès leur admission au concours. Ils ne devraient recevoir aucune formation en dehors d'un stage à effectuer dans leur administration de destination. Ce que contestait la douane au regard des dispositions du décret n° 62-143 du 5 mai 1962 portant création et organisation du Centre d'éducation professionnelle des agents des douanes, un centre qui a entre autres pour objet la formation des agents d'encadrement des douanes. Par ailleurs, les dispositions de l'article 33 du décret n° 93-609 du 2 juillet 1993 portant modalités particulières d'application du statut général de la fonction publique qui stipule que « tout postulant à un emploi de préposé des douanes ou d'agent d'encadrement des douanes doit avoir accompli son service militaire » n'avaient pas été respectées lors des recrutements. Ainsi, ces candidats, recrutés à la vie civile et sans formation, devaient être affectés dans les services, en vue d'un stage. Or, les agents d'encadrement sont des agents qui se destinent au service de surveillance. Aux frontières, ils sont dotés d'armes à feu. Un tel personnel, qui doit travailler dans une administration aussi technique que la douane et armé, peut-il se passer de formation ?

Il est vrai que, depuis les revendications militaires de 1990, la conscription est suspendue en Côte d'Ivoire. De plus, recruter suivant les prescriptions du décret suscité aurait éliminé les chances de recrutement des jeunes filles, entendu que le personnel féminin n'était pas appelé sous les drapeaux. Que fallait-il donc faire ? Il fallait et il faut redéfinir avec l'Administration douanière les modalités de recrutement de cet important personnel qui ne saurait se passer de formation militaire et encore moins de formation douanière. Il incombe à la douane d'en prendre l'initiative.

Il importe de préciser qu'avant les décrets de 1993, les agents d'encadrement des douanes n'étaient recrutés que par voie de concours professionnels parmi les proposés des douanes. Il n'y avait donc pas de recrutement d'agents d'encadrement à la suite d'un concours direct. Au niveau du BEPC, seuls étaient recrutés les agents de constatation de douanes. Ceux-ci recevaient une formation d'un an, dont six mois de formation théorique et trois mois de formation pratique.

Lorsque les agents d'encadrement n'étaient que des préposés ayant accédé à la catégorie supérieure, la formation pouvait se réduire à un simple stage, ces derniers ayant déjà reçu les rudiments douaniers au cours de la formation initiale. Encore qu'une formation complémentaire aurait été tout à fait justifiée. Mais recruter des candidats et en faire directement des agents des douanes sans formation préalable, il y a là une logique qui heurte le bon sens.

La situation actuelle du recrutement des agents d'encadrement est préjudiciable à la douane, qui est obligée d'assurer la formation militaire de ce personnel avant de le former aux techniques douanières à l'École des douanes. La formation militaire obligatoire étant très onéreuse, le temps de présence des agents dans les camps militaires où ils reçoivent la formation commune de base (FCB) est donc réduit. Que peuvent bien représenter les huit semaines passées dans les camps comparées aux deux ans de la conscription ? Dans ces conditions, les aptitudes militaires de l'agent d'encadrement ne peuvent qu'être insuffisantes. De même, la motivation de ces recrues, à qui il a été dit que la formation à l'école n'est pas utile, ne peut être satisfaisante. Cette divergence de vues a eu pour conséquence la suspension du concours de recrutement de cette catégorie d'agents pendant une dizaine d'années. Mal informée de la situation, l'opinion publique, qui n'entend pas de communiqués réguliers de recrutement d'agents des douanes, se laisse convaincre que celui-ci se fait secrètement.

Au regard des difficultés relatives au recrutement et à la formation des agents d'encadrement, la formation à l'ENA paraît plus performante. Malheureusement, au niveau de cette école, le choix des filières sur la base du mérite au concours d'entrée ne tient aucunement compte des conditions physiques, de l'âge ou de l'état de santé des élèves. De nombreuses difficultés surgissent dès lors qu'il faut les former militairement. Certains pensent que le recrutement devrait exclusivement s'opérer parmi les titulaires de diplômes scientifiques ou d'économie. Bien que cette idée soit pertinente, elle ne me paraît envisageable qu'à l'avenir. Pour l'heure, l'administration douanière a besoin de tous les profils, pourvu que les concernés soient bien formés. La complexité de la mission du douanier le recommande.

1.4.2 Les prérogatives des agents des douanes

Les missions du douanier sont si complexes et si délicates que le législateur l'a doté de pouvoirs spéciaux, assortis d'immunités.

L'immunité des agents des douanes

Le Code des douanes dispose en son article 41 alinéa 1 :

« Les agents des douanes sont sous la sauvegarde spéciale de la loi. Il est défendu à toute personne :

a) de les injurier, de les maltraiter ou de les troubler dans l'exercice de leurs fonctions ;
b) de s'opposer à cet exercice. Par ailleurs, obligation est faite aux autorités civiles et militaires de leur prêter main-forte à la première réquisition pour l'accomplissement de leur mission. »

Il est intéressant de noter ici l'expression « sous la sauvegarde spéciale de la loi », qui renforce cette protection. L'agent des douanes fait l'objet d'une double protection : celles du Code des douanes et du Code pénal. En effet, en son article 310, le Code des douanes dispose : « Sans préjudice de l'application des pénalités édictées par le présent code, les délits d'injures, voies de fait, rébellion, corruption, ou prévarication et ceux de contrebande avec attroupement et port d'armes sont poursuivis, jugés et punis conformément au droit commun. »

Ainsi, quiconque injurie, maltraite ou trouble un agent des douanes dans l'exercice de ses fonctions ou s'oppose à cet exercice s'expose à une amende contraventionnelle de 50 000 à 500 000 FCFA, en plus des sanctions pénales.

Le Code des douanes prescrit à l'alinéa 2 du même article : « Les autorités civiles et militaires *sont tenues* à la *première réquisition* de prêter main-forte aux agents des douanes pour l'accomplissement de leur mission. » On notera ici l'obligation de toutes les autorités civiles et militaires de prêter main-forte à la douane.

Malheureusement, certaines de ces autorités, pour des raisons difficiles à comprendre, ne coopèrent pas. Ce faisant, elles pensent se soustraire à une quelconque autorité douanière alors qu'elles piétinent simplement des prescriptions légales. Elles refusent donc de respecter la loi. Plusieurs fois, des agents des douanes ont eu maille à partir avec des autorités civiles (préfets, sous-préfets, magistrats) ou militaires. On se rappelle les événements de Danané ou de Tabou, au cours desquels des agents des douanes ont perdu la vie dans des circonstances assez troublantes.

En ce qui concerne les militaires, ou plus spécifiquement les agents en tenue des différents corps de métiers, nombreux sont les incidents au cours desquels ils semblent s'engager dans la défense d'intérêts contraires à ceux de la douane, quand ils ne s'opposent pas frontalement aux agents de cette administration.

Le droit au port de l'arme à feu

Le Code des douanes précise, en son article 44, que pour l'exercice de leurs fonctions, les agents des douanes ont droit au port d'armes qu'ils peuvent utiliser :

- en cas de légitime défense ;
- lorsque des violences ou voies de fait sont exercées contre eux ou lorsqu'ils sont menacés par des individus armés ;
- lorsqu'ils ne peuvent immobiliser autrement les véhicules, ou les embarcations et autres moyens de

transport dont les conducteurs n'obtempèrent pas à l'ordre d'arrêt ;

- lorsqu'ils ne peuvent capturer vivants les animaux employés pour la fraude, ou que l'on tente d'importer ou d'exporter frauduleusement, ou qui circulent irrégulièrement.

Sur cet armement, l'article 11 de l'annexe III du décret n° 60-413 du 7 décembre 1960 portant statut particulier des corps des cadres des administrations financières de l'État (article 38) dispose : « Les agents repris à l'article premier ci-dessus sont armés de pistolet automatique du modèle réglementaire dans l'armée. Ils pourront être dotés d'armes automatiques en usage dans l'armée dans certains cas particuliers. Toutefois, les agents assurant des services en civil pourront être armés pour l'exécution de ces services d'un pistolet automatique plus léger ou de calibre inférieur[34]. »

Il importe également de relever cette multitude de droits conférés à l'agent des douanes : droit de visite des marchandises, des moyens de transport et des personnes, visites domiciliaires, droit de communication particulière à l'Administration des douanes, contrôle des envois par la poste et contrôle d'identité.

Le droit de visite des marchandises, des moyens de transport et des personnes

Le droit de visite (inspection) des marchandises, des moyens de transport et des personnes est un droit reconnu à l'agent des douanes par l'article 46 du Code des douanes. En son alinéa premier, il est indiqué que les agents des douanes peuvent procéder à la visite des

[34] Cette disposition a été en partie reprise à l'article 14 du décret n° 2015-842 du 21 décembre 2015 portant réglementation de l'habillement et des attributs du personnel des douanes.

marchandises, des moyens de transport et des personnes pour la recherche de la fraude.

L'exercice de ce droit est, toutefois, fortement protégé par la loi. Mais le code se veut clair sur la question : « Il ne peut être opposé au service des douanes *aucune défense* visant à restreindre les pouvoirs énoncés ci-dessus, sauf celles qui sont inscrites dans le présent code. »

Le droit de visite des marchandises s'applique à toutes celles présentes sur le territoire douanier, quelle que soit leur provenance.

Le droit de contrôle des moyens de transport s'étend à tous les moyens de transport et concerne toutes les parties, y compris celles qui sont fermées.

Aux automobilistes et autres conducteurs de moyens de transport, l'article 47 leur fait obligation de se soumettre aux injonctions des agents des douanes. Ici, le code ne précise pas les moyens de transport concernés. Aussi, l'interprétation ne peut être restrictive. C'est donc dire que les véhicules de transport de passagers, les véhicules de transport de marchandises tout comme les véhicules personnels peuvent être arrêtés par les agents des douanes pour contrôle. En cas de refus d'obtempérer, le législateur donne les pleins pouvoirs à la douane d'immobiliser lesdits moyens de transport par « tous engins appropriés », y compris l'armement (article 44/2-b).

En plus, les agents des douanes ont le pouvoir de visiter tous navires au-dessous de 500 tonnes de jauge nette se trouvant dans la zone maritime du rayon des douanes, d'aller dans tous bâtiments, y compris les navires de guerre qui se trouvent dans les ports ou rades.

Le contrôle des personnes s'entend de la fouille à corps ainsi que de la fouille des bagages à main, du contenu des porte-documents, des sacs à main, des portefeuilles, des agendas. Le refus de se soumettre à cette fouille constitue une opposition à fonctions, sanctionnée de peines contraventionnelles.

Le droit de visite domiciliaire

Pour la recherche des marchandises détenues frauduleusement dans le rayon des douanes, ainsi que pour la recherche en tous lieux des marchandises soumises aux dispositions de l'article 175 du Code des douanes, les agents des douanes peuvent procéder à des visites domiciliaires en se faisant accompagner, au besoin, d'un officier de police judiciaire. À défaut, ils peuvent se faire accompagner du chef de la circonscription administrative, d'un officier municipal, ou du chef de village. Cette « violation légale » de domicile n'est donc pas abusive. Elle est encadrée aux fins de protéger l'occupant des lieux de tout abus de la part de la douane.

Par domicile, il faut entendre toute demeure permanente ou temporaire de l'individu. Si une chambre d'hôtel louée est considérée comme un domicile, un magasin ouvert au public n'est pas considéré comme un tel. Une visite domiciliaire ne peut s'y opérer, sauf en dehors de ses heures d'ouverture ou dans ses zones non accessibles au public.

En vue de protéger les populations d'éventuels abus, des mesures visant à sauvegarder leurs droits sont prévues par le code. À cet effet, il est prescrit que ces visites ne peuvent être commencées avant 4 heures, ou après 21 heures, hormis le cas de visite effectuée après poursuite à vue. En cas de refus d'ouverture des portes, les agents des douanes ne peuvent les faire ouvrir qu'en présence de l'une des autorités mentionnées plus haut. Toutefois, la présence de ces personnes n'est pas nécessaire si l'occupant des lieux y consent spontanément, ou dans les cas de recherches précédées d'une poursuite à vue sans interruption et qui, dans les conditions prévues par l'article 207 du Code des douanes, sont introduites dans une maison ou autre bâtiment, qu'il soit ou non en dehors du rayon.

Il importe aussi de noter que les agents dont l'assistance est requise lors des contrôles ne peuvent et ne doivent pas prendre part aux opérations. Ils ont un simple rôle d'assistance et de protection des libertés du citoyen. Par conséquent, ils ne sont pas partie prenante dans l'affaire, ne signent pas les procès-verbaux qui doivent simplement mentionner leur présence. Il convient de noter que la retenue des personnes (retenue administrative) est autorisée pendant l'exercice de ce droit. Mais le droit de visite ne peut en aucun cas être utilisé pour constater d'autres infractions que celles prévues et réprimées par le Code des douanes.

Le droit de communication particulier à l'Administration des douanes

1° Les agents des douanes ayant au moins le grade de contrôleur ou exerçant les fonctions de chef de bureau peuvent exiger la communication des papiers et documents de toute nature, relatifs aux opérations intéressant leur service :

a) dans les gares de chemin de fer (lettres de voiture, factures, feuilles de chargement, livres, registres, etc.) ;
b) dans les locaux de compagnies de navigation maritime, lagunaire et fluviale, et chez les armateurs, consignataires et courtiers (manifeste de fret, connaissements, billets de bord, avis d'expédition, ordre de livraison, etc.) ;
c) dans les locaux des compagnies de navigation aérienne (bulletins d'expédition, notes et bordereaux de livraison, registres de magasins, etc.) ;

d) dans les locaux des entreprises de transport par route (registre de prise en charge, carnets d'enregistrement des colis, carnets de livraison, feuilles de route, lettres de voiture, bordereaux d'expédition, etc.) ;
e) dans les locaux des agences qui se chargent de la réception, du groupage, de l'expédition par tous modes de locomotion (fer, route, eau, air) et de la livraison de tous les colis (bordereaux détaillés d'expéditions collectives, récépissés, carnets de livraison, etc.) ;
f) chez les commissionnaires ou transitaires ;
g) chez les concessionnaires d'entrepôts, docks et magasins généraux (registres et dossiers de dépôt, carnets de warrants et de nantissements, registre d'entrée et de sortie des marchandises, situation des marchandises, comptabilité matières, etc.) ;
h) chez les destinataires ou expéditeurs réels des marchandises déclarées en douane ;
i) en général, chez toutes les personnes physiques ou morales directement ou indirectement intéressées à des opérations régulières ou irrégulières relevant de la compétence du service des douanes.

2° Les divers documents visés ci-dessus doivent être conservés par les intéressés pendant un délai de trois ans, à compter de la date d'envoi des colis pour les expéditions, et à compter de la date de leur réception, pour les destinataires.

3° Au cours des contrôles et des enquêtes opérés chez les personnes ou sociétés visées au paragraphe 1er, les agents des douanes désignés par ce même paragraphe peuvent procéder à la saisie des documents de toute nature (comptabilité, factures, copies de lettres, carnets de chèques, traites, comptes en banque, etc.) propres à faciliter l'accomplissement de leur mission.

Les points *h* et *i* sont intéressants à relever. Les destinataires réels des marchandises déclarées en douane sont, outre les opérateurs économiques à qui tous pensent, *toutes personnes physiques ou morales, destinataires ou expéditrices de marchandises ou de biens déclarés en douane*. C'est dire que la présidence, le Parlement, les ministères, les administrations publiques, parapubliques ainsi que les collectivités décentralisées sont tout aussi concernés par ces contrôles douaniers. Le Code des douanes ne précise-t-il pas en ses articles 3 et 4 que, sur l'ensemble du territoire douanier, les mêmes lois et règlements douaniers doivent être appliqués *sans égard à la qualité des personnes* et que les *seules immunités, dérogations ou exemptions* sont fixées par les conventions internationales, le Code des douanes, le Tarif des douanes et les lois réglementant le régime des investissements privés ? Le Code des douanes n'a pas été écrit par les douaniers. C'est une loi de la République dont l'Administration des douanes assure la mise en œuvre. Il importe de le savoir afin de s'y conformer de bon cœur, quel que soit son statut.

Il est utile d'attirer l'attention de certaines catégories socioprofessionnelles à qui l'État a accordé la possibilité d'importer, à échéance précise, un véhicule personnel et dont le parc automobile, vieillissant et très peu fourni, tranche avec les grosses cylindrées et les voitures neuves déclarées à l'importation. Elles ne sont pas à l'abri d'un contrôle douanier, en dépit de leur statut, au regard de ces dispositions et de celles de l'article 3 du Code des douanes qui, pour rappel, stipule : « Sur l'ensemble du territoire douanier, les mêmes lois et règlements douaniers doivent être appliqués sans égard à la qualité des personnes. »

Le contrôle des envois par la poste

Les fonctionnaires des douanes ont accès aux bureaux de poste sédentaires ou ambulants, y compris les salles de tri, en correspondance directe avec l'extérieur, pour y rechercher, en présence des agents des postes, les envois clos ou non d'origine intérieure ou extérieure, à l'exception des envois en transit, renfermant ou paraissant renfermer des envois :

- frappés de prohibition à l'importation, passibles de droits ou taxes perçus par le service des douanes ou soumis à des restrictions ou formalités à l'entrée ;
- frappés de prohibition à l'exportation, passibles de droits ou taxes perçus par le service des douanes ou soumis à des restrictions ou formalités à la sortie.

Le code rappelle qu'il ne peut, en aucun cas, être porté atteinte au secret des correspondances.

Cette disposition est également confirmée aux alinéas 1 et 3 de l'article L 5 de la loi n° 76-501 du 3 août 1976 portant Code des postes et télécommunications :

« 1. Le contrôle douanier des envois est assuré conformément au Code des douanes.

2. Lorsque la demande leur en est faite par le service des douanes ou par celui des contributions indirectes, les receveurs des postes sont tenus de requérir, à l'arrivée, l'ouverture par le destinataire, en présence d'un agent des postes et d'agents des douanes ou des contributions indirectes, des lettres et envois fermés de toute provenance, présumés contenir des produits soit soumis à des formalités de circulation, soit passibles des droits et taxes, soit frappés de prohibition. »

Par ailleurs, l'article L 35 de la loi susmentionnée indique en son alinéa 1 : « Pour l'exécution des dispositions de l'article L. 1, les agents assermentés de l'administration, les employés assermentés des douanes ainsi que tous officiers et agents de police judiciaire peuvent opérer les saisies et perquisitions sur toutes personnes qui, à raison de leur profession ou de leur commerce, font habituellement des transports d'un lieu à l'autre. Ils peuvent, à cet effet, se faire assister, s'ils le jugent nécessaire, de la force publique. » L'article L. 1, pour la compréhension de la portée de cette disposition, traite du monopole postal et « interdit à tout entrepreneur de transports, ainsi qu'à toute personne de l'administration, de s'immiscer dans ce transport. »

Toujours en rapport avec l'activité postale, le pouvoir des agents des douanes de rechercher des marchandises de fraude à bord des navires se double de cette prescription de l'alinéa 2 du même article : « Les agents des douanes s'assurent, au cours de la visite des navires, que le capitaine et les membres de l'équipage ne sont pas porteurs de lettres, paquets ou papiers qu'ils prétendraient soustraire au monopole postal. »

Le contrôle des identités

Les agents des douanes peuvent contrôler l'identité des personnes qui entrent dans le territoire douanier ou qui en sortent, ou qui circulent dans le rayon des douanes.

Ce contrôle d'identité porte sur *toutes personnes* entrant dans le territoire douanier ou qui en sortent, dans les *ports*, les *aéroports* et les *frontières terrestres* ou *en circulation dans le rayon des douanes*.

La douane ainsi présentée est très peu connue du public. Et pourtant, chacun croit la connaître, s'en fait une opinion qui finit par devenir sa conviction.

DEUXIÈME PARTIE
La douane dans l'opinion publique

« Je vous le dis en vérité, les Publicains
et les prostituées vous devanceront
dans le royaume de Dieu. »
Mathieu 21:31

L'opinion publique a une mauvaise perception de la douane. Bien qu'admiré et même envié, le douanier est vilipendé, chargé de tous les péchés du monde. Cette idée du douanier puise en partie sa source de la méconnaissance du métier, mais aussi du comportement de certains agents des douanes.

2.1 Le mythe du douanier

Combien de parents n'ont-ils pas souhaité avoir de fils à la douane ? Combien sont-ils ceux qui ont poussé leur progéniture à y entrer alors que cette dernière rêvait d'une autre carrière ? Ce mythe est si fort que pendant longtemps, à l'ENA, les majors au concours d'entrée choisissaient presque systématiquement la filière douane.

Major à l'entrée au cycle moyen supérieur, j'ai fait l'objet d'une cour acharnée par l'un des admis, au motif qu'il avait une thèse à soutenir en rapport avec la douane. Alors que je cherchais à comprendre un peu plus sa démarche, il finit par reconnaître qu'il avait un cousin officier supérieur douanier qui l'encourageait à intégrer la douane. Il y avait trois places au titre du concours direct, et ce candidat était le quatrième. J'appris plus tard que la même cour assidue avait été faite au deuxième et au troisième.

L'année de mon entrée à l'ENA, je fus également admis au concours de recrutement des professeurs licenciés. Les choix dans les filières se faisant par ordre de mérite, j'avais à décider entre une affectation directe qui m'ouvrait une carrière immédiate de professeur des lycées et collèges et une carrière dans l'administration, après deux ans de formation. J'avais aussi à choisir parmi les six filières suivantes, ouvertes à l'époque : Administration générale, Greffes et Parquets, Finances publiques, Douanes, Impôts et Trésor. Sorti de l'université, je ne savais pas grand-chose de l'administration ni du monde du travail, en général. Aussi me fallait-il me renseigner sur les opportunités qu'offrait chaque emploi. Je dois avouer que peu de personnes consultées comprirent ma démarche, tant, pour elles, le choix de la douane devait s'imposer à moi naturellement.

En écrivant ces lignes, je me rappelle encore la réaction de cette Libérienne lorsque, à sa demande, je lui révélai ma profession. C'était un vendredi soir du mois de décembre 1995. J'étais à la gare et j'attendais un car pour me rendre à Biankouma[35], une ville située à l'ouest du pays où je devais prendre part à un mariage, le lendemain. Le futur marié, un ami de l'université, m'avait fait l'honneur de me choisir comme son témoin. Alors que nous étions assis, attendant le départ fixé à 19 heures, je m'aperçus qu'elle renonçait à acquérir une paire de sandalettes en plastique qui coûtait 500 francs, parce qu'elle n'avait pas la monnaie. Une chaussure à laquelle elle semblait pourtant tenir. Je devais avoir deux ou trois billets de 500. Je lui remis un billet et elle put acheter ses chaussures. Tout émue, elle me remercia, me demanda mon nom et ma profession. Lorsque je lui dis que j'étais inspecteur des douanes, elle s'exclama : « *Oh, my brother, thank God. He has given you a good job. Thank God, my brother, you have a good job*[36]. »

---

[35] Biankouma est une ville de Côte d'Ivoire située à l'ouest du pays.

[36] « Oh, mon frère, remercie Dieu. Il t'a donné un bon travail. Remercie Dieu, mon frère, tu as un bon travail. »

Cette fascination pour notre métier, exprimée ici par une Libérienne, n'est pas qu'un phénomène africain. En stage au Japon en 1996, je voulus connaître la perception du douanier dans chacun des vingt-deux pays représentés[37]. Plus tard, à l'occasion d'autres missions et voyages, je me livrai au même exercice. Partout, l'image est la même. La douane et le douanier sont admirés. Leur amitié est recherchée et, dans le même temps, on adore les détester.

2.2 Des préjugés défavorables

À cette dame, il fallait pourtant se garder de parler de douaniers dans son pays. Elle les aurait traités de tous les noms d'oiseaux.

Le reproche récurrent fait à la douane est celui de la corruption des agents. Les éléments de preuve brandis pour soutenir cette affirmation sont : la richesse de ceux-ci, les constructions d'immeubles.

Certes, sur le phénomène de la corruption, il y a bien des choses à reprocher aux douaniers, autant sur les routes que dans les bureaux. Le fait ne peut être nié. Mais le niveau auquel il est situé est excessif. Il relève de ce que nous pourrions qualifier non sans rire de « gabelouphobie ». Car, à en entendre certains, il semble évident qu'il y ait une volonté généralisée d'ostraciser le douanier, d'entretenir l'exutoire du douanier corrompu pour se donner bonne conscience. Jeter le douanier à la vindicte populaire et espérer que personne ne verra ni ne

[37] Stage auprès des douanes japonaises et qui a regroupé des participants du Bhoutan, du Botswana, du Cameroun, de la Chine, de la Corée du Sud, de la Côte d'Ivoire, de l'Éthiopie, des îles Fiji, du Ghana, de Hong Kong, de la Jordanie, du Pakistan, de la Papouasie-Nouvelle-Guinée, du Paraguay, du Pérou, des îles Salomon, des Seychelles, de Turquie et du Vietnam.

parlera de ce que l'on est ou fait. Telle est la stratégie de bien des contempteurs de la douane. Et pourtant…

Seuls les plus faibles sont dénoncés outrageusement.

En janvier 2017, des éléments bien identifiés d'un corps de l'État avaient tiré en l'air au Port autonome d'Abidjan (PAA), en écho aux revendications de certains militaires. S'exprimant sur les antennes à propos de ces coups de feu qui ont fortement perturbé l'activité portuaire, les autorités du port ont parlé de tirs effectués par des « individus armés ». Dans le communiqué de presse qu'ils ont produit plus tard, on pouvait lire : « Dans la matinée du 18 janvier 2017, aux environs de 9 h 45, les activités portuaires ont été fortement perturbées par des individus armés tirant en l'air le long du boulevard du port et à certains accès du port d'Abidjan […]. »[38] Des agents des douanes auraient été à la base de telles perturbations qu'ils auraient été ouvertement dénoncés.

Il en va de même des dénonciations de corruption. Au niveau de certaines corporations bien connues, ce fléau est toujours abordé avec beaucoup de circonlocutions. Des autorités au citoyen ordinaire en passant par les organisations internationales ou la société civile, tous sont conscients de l'existence de la corruption dans le milieu et en parlent en cercles restreints. Mais jamais on n'ose nommer les concernés. Est-ce pour autant que la corruption n'existe pas ?

Une image abondamment véhiculée sur les réseaux sociaux, d'origine inconnue, présentait le douanier comme celui qui, sans effort, s'offrait en temps record de grosses maisons. Les initiateurs de la fresque se veulent des saints, des parangons de la vertu. Mais chaque corps de métier mis en scène dans le tableau ne peut se dédouaner à

---

[38] Communiqué de presse du 18 janvier 2017 et publié le même jour à 17 h 4 min sur la page Facebook du Port autonome d'Abidjan.

moindres frais, en raison de la polymorphie même de la corruption.

En dehors des corps de métier présents sur ladite fresque se trouvent des professions ou des fonctions, inconnues du grand public, où règne outrancièrement la corruption. Quoique nous subissions quotidiennement leurs méfaits, personne ne s'aventure à les mettre à l'index. Mais tous n'hésitent pas à traiter le douanier de corrompu. L'hôpital peut bien se moquer de la charité. « Selon que vous serez puissant ou misérable, les jugements de cour vous rendront blanc ou noir[39]. » La douane, comme le pauvre baudet, semble payer pour tous.

Or, « dans l'histoire, la corruption concerne donc toutes les sociétés. Dans la société, elle concerne tous les individus. La corruption n'est pas réservée à l'élite, et implique au premier chef cette grande majorité de gens consciencieux, honnêtes, sans histoires[40]. »

En définitive, la douane apparaît comme un paillasson sur lequel tous, y compris les âmes les plus corrompues, viennent essuyer leur souillure. Heureusement qu'il existe dans les demeures des miroirs où, une fois par jour au moins, chacun se retrouve face à lui-même et à sa conscience. Pour conclure, disons avec ce même auteur qui a fait une analyse assez large du phénomène qu'« on ne peut isoler un "secteur" corrompu, de même qu'on ne peut partager les individus entre purs et corrompus. C'est bien la société elle-même qui est corrompue[41]. »

Au sujet de l'enrichissement rapide, que l'arbre ne cache pas la forêt ! Quelques douaniers sont riches. De nombreux autres ont des immeubles (puisque c'est

---

[39] DE LA FONTAINE (Jean), « Les Animaux malades de la peste », *Fables*, 1678.
[40] KOENIG (Gaspard), *Les discrètes vertus de la corruption*, Grasset, p. 62.
[41] *Op. cit.*, p. 65.

l'étalon). Mais combien sont-ils par rapport au nombre total d'agents ? Pourtant, il y a à parier que plus de la moitié des vingt-cinq millions d'Ivoiriens, la main sur le cœur, vous dira connaître un douanier riche. Or, de sa création à ce jour, la douane, personnel actif comme retraités, n'a même pas encore atteint dix mille personnes. Si l'on ajoute à cela que de nombreux douaniers retraités croupissent dans la misère et que de nombreux autres en activité vivent modestement, il y a lieu de s'interroger sur la véracité de ce discours. Et si celui-ci ne se nourrissait que de rumeurs, souvent transmises de bouche à oreille et ne concernant qu'un seul et même noyau ?

Dans tous les cas, la douane est consciente de l'existence de la corruption dans ses rangs et elle le dénonce. Elle ne se complaît pas dans l'autolâtrie. Mieux, elle améliore ses procédures et renforce l'informatisation de celles-ci pour réduire l'impact de l'intervention humaine. En douane, la corruption n'est pas cette réalité qu'on aborde avec pudeur.

2.3 Une administration méconnue

Malgré toutes ces opinions négatives sur la douane, très peu de personnes la connaissent véritablement. Combien sont-elles à pouvoir décrire les missions et le fonctionnement de la douane ? Combien sont-elles à connaître le rattachement hiérarchique de l'Administration des douanes ? À la vérité, elles sont peu nombreuses. Personnellement, c'est en cité universitaire[42] que j'ai entendu parler pour la première fois d'inspecteurs des douanes. De la douane, je ne voyais que les agents. Les administrateurs et les contrôleurs me sont demeurés inconnus jusqu'à mon admission à l'ENA. Il faut tout de même souligner que j'y suis entré après quatre années

---

[42] La résidence universitaire de Vridi jouxte une cité douanière. Aussi avions-nous des contacts avec les fils et filles de douaniers.

d'université et, en prime, logé dans une résidence universitaire voisine d'une cité douanière. Si malgré tous ces « atouts » j'avais une méconnaissance profonde de la douane et de ses missions, je ne pense pas que l'on puisse raisonnablement attendre mieux de la majorité des populations. Sur le fonctionnement, mon ignorance était plus grande encore.

Bien que la situation ait évolué avec le développement des moyens de communication et l'action des réseaux sociaux, auxquels s'ajoutent les campagnes d'information menées par l'Administration des douanes, de très nombreuses personnes n'ont de la douane qu'une connaissance sommaire, voire déformée. L'étonnement de ce haut cadre de l'administration publique, qui semblait ne pas comprendre que la Direction générale des douanes déclare des excédents de recettes et les verse en totalité au Trésor public était, à cet égard, révélateur d'une connaissance limitée des procédures en vigueur au sein de la douane. Évidemment, ce haut cadre consciencieux, honnête et sans histoires, prouve ainsi qu'il n'aurait pas eu le même réflexe que le premier responsable de l'Administration douanière. Il n'était pourtant pas douanier, faut-il le souligner. Il est très courant et quasi anecdotique de voir ces nombreuses personnes, citoyens ordinaires ou « grands types », s'étonner qu'on leur demande de payer des droits sur des biens qu'ils ramènent de voyage. Unanimement, tous vous disent : « Je ne suis pas commerçant, c'est pour mon utilisation personnelle. Pourquoi dois-je payer la douane ? »

À ce sujet, s'est-on demandé : « Si je ne paie pas, qui donc paiera ? » Oui, qui paiera afin de fournir à l'État ses moyens de fonctionnement ? Ne pas déclarer ses marchandises ou ses biens à l'importation ou à l'exportation, c'est priver l'État de moyens pour construire les routes, les écoles, assurer les salaires et fournir l'équipement nécessaire aux agents commis à la sécurité des biens et des personnes. En somme, c'est freiner les actions de développement de l'État. Cela devrait être su de tous.

Par ailleurs, ils sont nombreux à penser que le douanier bénéficie de faveurs particulières. Certains vont jusqu'à s'étonner que les douaniers ne s'autorisent pas l'importation en franchise de véhicules. Naturellement, de la douane, ils n'ont que leur perception. Ils ne peuvent pas comprendre que la douane ne crée pas la loi ; elle ne fait que l'appliquer. Les douaniers ne peuvent donc pas s'offrir des privilèges qui ne sont pas prévus par les textes. Certes, les agents des douanes sont des humains et, à ce titre, des écarts de conduite peuvent être observés. Mais la culture du douanier, telle que je la vis, ne l'incline pas à offrir des avantages à un collègue. Certains peuvent le faire. Ils n'auront ni la caution des autres collègues ni celle de leur chef.

Plusieurs collègues ont la désagréable surprise de se voir refuser des abattements sur la valeur des véhicules qu'ils importent. Ces cas ne sont pas isolés. Un collègue et ami qui avait commandé une mini-chaîne à l'étranger s'était présenté au chef de bureau de l'aéroport d'Abidjan pour le retrait de son colis. Après avoir écouté les raisons de sa visite, ledit chef demanda qu'on lui présente le colis. Ce qui fut fait. Et savez-vous ce qui advint ? Il venait par cet acte de sécuriser l'appareil en s'assurant qu'aucun de ses collaborateurs ne le remettrait au concerné qu'il pria gentiment d'aller réunir les ressources nécessaires au dédouanement de son bien. C'est aussi cela, la douane, celle que nous avons connue à nos débuts. Force est de reconnaître que la réalité est aujourd'hui quelque peu différente, due au laxisme généralisé qui s'observe partout dans les administrations publiques.

En demandant donc à tous de payer les droits exigibles sur les biens importés, la douane ne fait qu'appliquer une loi de la République : le Code des douanes. Le douanier n'a qu'une obsession : collecter le maximum de droits pour le compte du Trésor public. Cette caractéristique du douanier est constante et ne manque pas d'impressionner les fonctionnaires venus en douane après avoir servi dans d'autres administrations. Un collègue ayant fait l'expérience de cabinets ministériels avoue avoir été trop sévère par le passé dans son jugement du douanier. Il affirme que ces derniers font partie des fonctionnaires les plus consciencieux et les plus travailleurs du pays. Cette autre dame, transfuge d'une régie financière et actuellement à la retraite après une brillante carrière en douane, n'affirmait-elle pas qu'il faut rejoindre cette administration pour comprendre qu'ailleurs, les gens ne sont pas aussi acharnés au travail ? Ce sont des témoignages qui ont la valeur que chacun voudra leur accorder. Pour ma part, je voudrais juste ajouter que les objectifs de recettes assignés à l'Administration des douanes sont fixés de façon indépendante par la Direction générale de l'économie sur la base de données macroéconomiques transparentes prenant en compte un ensemble de variables et d'agrégats dont les recettes de l'année précédente, le produit intérieur brut (PIB), les récents développements économiques et sociaux ainsi que les perspectives économiques, sociales et politiques. Dépasser ces objectifs ou les réaliser à plus de 95 % dans les hypothèses les plus pessimistes, c'est faire preuve d'efficacité et de performance. Le nier, c'est soit remettre en cause la technicité des services en charge de la prévision, soit condamner la douane au faciès.

Tout n'est certes pas rose en douane. Mais cette administration n'est pas la gangrène que certains veulent voir en elle. Sinon que dire de cette femme, agent de banque à en juger par son badge que j'ai pu apercevoir lorsqu'elle rangeait sa marchandise de fraude tout en accablant les douaniers. Je revenais de Bruxelles.

Alors que l'avion amorçait la descente d'Abidjan, j'ai aperçu une dame occupée à rassembler des sachets noirs. De ces sachets, elle sortait de nombreux bijoux qu'elle rangeait dans les poches d'un blouson kaki. Tout en s'affairant, elle lâcha : « Les douaniers ivoiriens-là sont trop chiants. Sur ça, là encore, ils vont vouloir prendre de l'argent. »

Visiblement, c'était une habituée. Je m'intéressai à ce qu'elle faisait et pus constater qu'elle avait sur elle un nombre impressionnant de bijoux.

Lorsque l'avion atterrit et que nous pûmes descendre, j'allai rapidement porter l'information aux agents. Quand elle se présenta au filtre, elle n'avait plus le fameux blouson. Qu'était-il devenu ? Il avait probablement été remis à un complice !

Que reprochait-elle donc à la douane ? De faire son travail de collecteur d'impôt ? N'est-il pas étonnant que les « vertueux » qui tirent à boulets rouges sur la douane soient les moins exemplaires ? Et pourtant, cette dame, comme bien d'autres, pourfend quotidiennement la douane. Cette poutre dans son œil est insignifiante au regard de la paille dans l'œil du douanier. Développer davantage ces lignes pourrait donner le sentiment de justifier, ou d'excuser de mauvaises pratiques. Loin de là. Il s'agit plutôt de dénoncer un phénomène de société qui sévit à tous les niveaux, afin qu'il soit combattu ensemble, sans fards ni œillères. C'est également le lieu de « rassurer » toutes ces personnes qui n'ont que la corruption de la douane à la bouche : accuser les douaniers ne lave pas plus blanc. Vilipender la douane et les douaniers ne peut faire oublier les gros scandales étalés à longueur d'année dans la presse et sur les réseaux sociaux et dont les acteurs ne se recrutent pas parmi eux.

Au total, sans être elles-mêmes des modèles en la matière, certaines couches de la population accablent la douane. Elles ont une perception très négative et très étriquée du douanier tout en appréciant, paradoxalement, ce métier pour lequel elles ont une grande admiration. Cette ambivalence m'avait inspiré ce texte[43] :

On t'aime, douanier,
Pour mieux te renier.
Car tu es douanier, on t'approche
Mais parce que tu es douanier,
On te le reproche.

Elle est bien légendaire,
Cette hypocrisie de tes congénères,
Qui, de sollicitations en félicitations,
En viennent à sous-estimer tes actions.

N'est-elle pas curieuse cette attitude,
Océan de platitude et d'ingratitude
Qui, du bon douanier veut fête et quête,
Aide aux voyages et aux mariages,
Se convainquant qu'il est sans tête,
Lui, cette victime de leurs commérages ?

Mais moi homme à l'amitié recherchée
Et à la dignité écorchée,
Moi, brave et fier douanier,
Je refuse de me renier.

[43] Paru dans la revue des douanes, *Le Douanier* n° 6.

2.4 Je suis douanier

Bien que la mauvaise réputation du douanier soit surfaite, il n'est pas faux de dire que l'agent des douanes y a contribué en partie, en prêtant le flanc. En effet, nombreux sont les douaniers qui veulent paraître, faire savoir à tout leur entourage admiratif le métier qu'ils exercent. « Je suis douanier », aiment-ils à dire. Et pour le prouver, ils n'y vont pas avec le dos de la cuillère.

Ont-ils perçu leur prime, leur salaire, ont-ils bénéficié d'un pourboire ou ont-ils tout simplement monnayé leurs services ? En tenue, ils iront parader dans les lieux publics. Ils offriront à boire à leurs amis et copines. Certains iraient jusqu'à payer à boire à l'ensemble des personnes présentes dans les maquis[44] qu'ils fréquentent. Lors des réunions de village, nos « braves » douaniers s'illustrent par des contributions parfois plus élevées que celles des plus hauts cadres. Leur plaisir : faire savoir qu'ils sont douaniers. Leur obsession : pérenniser « l'image du douanier », celle d'un fonctionnaire prospère, opulent, quitte à user de manœuvres diverses pour disposer des ressources nécessaires à leur folie. Cette vanité prend fin à la retraite, et nombreux parmi eux vivent un véritable drame. Ils arpentent les bureaux, parfois munis de leurs ordonnances médicales, pour solliciter l'aide de leurs ex-collègues. Une visite dans les cités de douaniers permet de mesurer l'ampleur de leur misère et la vacuité de leurs prétentions.

Faut-il leur en vouloir ? Une analyse du tableau des effectifs indique une centaine de cadres pour huit fois plus d'agents subalternes. Dans les autres régies financières, les proportions sont inversées. Ceci expliquerait-il cela ?

Entendons-nous bien. Il ne s'agit pas d'incriminer le petit personnel et d'épargner les cadres. Les comportements dénoncés se rencontrent aussi bien chez

[44] Lieu populaire de vente d'alcool et de repas où la musique est jouée en permanence.

les uns que chez les autres et sont préjudiciables à tous. À inscrire dans ce registre, l'attitude de ce cadre qui confia à des amis que son heure de gloire sonnerait bientôt, avec la nomination imminente de son ami à la tête de l'Administration des douanes. Il se prédisait, dans cette perspective, une vie de pacha en qualité de directeur d'un service qu'il qualifiait de juteux. Que cherchait-il à s'épancher ainsi ? Avait-il besoin de s'étaler dans un maquis pour se valoriser aux yeux de son auditoire ? Il n'était pourtant pas si jeune ! Misère morale, dirait l'autre. Comble d'ironie, cet ami à lui est resté à quai. Il n'a pu avoir les faveurs des autorités pour remplacer l'ancien directeur général. Ce type de comportement vaniteux qui dessert profondément la douane, chacun doit l'avoir déjà côtoyé dans son quotidien.

Alors que tous semblent blâmer les douaniers, tous s'offusquent paradoxalement d'avoir un parent douanier pauvre, un douanier « incapable » de se construire un immeuble ou de leur distribuer des véhicules ou des villas. Sûrs de leur logique, ils n'hésitent pas à comparer tel personnel des douanes à tel autre qui posséderait tels biens. À peine ne pensent-ils pas que les services douaniers sont pavés d'argent et qu'il suffit aux agents de le ramasser. Il est donc clair que ces parents ou amis ne connaissent pas la douane.

À ce propos, une application de la fenêtre de Johari[45] à la relation douane-population permet de mettre en évidence le type de rapport qu'ils entretiennent. On se rend compte que la zone secrète de la douane est la plus importante. Ce qui signifie que la douane est méconnue.

---

[45] Joseph Luft et Harrington Ingham sont deux psychologues concepteurs de cet outil de communication interpersonnelle.

Ce qui est connu de la douane et des autres *(aire d'activités libres)* - les frasques de certains agents ; - la corruption dans le milieu ; - le reproche des populations.	**Ce qui est inconnu de la douane et connu des autres *(aire aveugle)*** - les attentes de la population ; - les motivations profondes des contempteurs ; - la vie extraprofessionnelle des agents.
Ce qui est connu de la douane et inconnu des autres *(aire d'activités secrètes)* - l'essentiel de l'activité douanière : missions, organisation, fonctionnement ; - les efforts de la douane pour combattre la fraude ; - l'engagement des agents des douanes au travail ; - les difficultés du douanier ; - ses avantages ; - ses peines.	**Ce qui est inconnu de la douane et inconnu des autres *(aire d'activités inconnues)*** - l'attitude des douaniers placés dans le même environnement que les contempteurs ; - l'attitude des contempteurs placés dans le même environnement que les douaniers ; - le type de douane que veut la société.

TROISIÈME PARTIE
Faut-il brûler la douane ?

Faut-il pour autant brûler la douane ? Faut-il désespérer de la douane et des douaniers ? Quel est l'intérêt de la douane pour la société ?

3.1 Les apports de la douane

Le bilan 2015 des douanes françaises, publié en 2016[46], présente le tableau suivant :

- lutte contre la fraude : 88 tonnes de stupéfiants saisies ;
- protection du consommateur : 7,7 millions d'articles saisis ;
- patrimoine naturel : 423 constatations portant sur des espèces protégées de faune ou de flore ;
- tabac et contrebande : 630 tonnes saisies.

Ces résultats montrent l'importance de la douane dans un pays, en termes de protection des populations et du patrimoine. Les chiffres ne sont pas de cet ordre au niveau des douanes ivoiriennes. Sans doute, parce que les objectifs premiers diffèrent ; les douanes des pays développés mettent l'accent sur les missions de protection tandis que le recouvrement des recettes focalise plutôt l'attention des douanes des pays en développement.

Nonobstant les critiques, fondées ou imaginaires, les clichés, en dépit de la mauvaise foi manifeste des contempteurs, la douane œuvre à accomplir ses missions avec efficacité. Ses apports sont nombreux. Ceux-ci s'analysent des points de vue fiscal, économique et sécuritaire.

---

[46] https://infos.emploipublic.fr/article/devenir-douanier-ce-qu-il-faut-savoir du 3 avril 2018.

Au niveau fiscal, il convient de noter les excellentes performances réalisées par la douane en termes de recouvrement, à un moment où le prétexte de la guerre et de la partition du pays était tout trouvé pour se croiser les bras. Mais au lieu de verser dans la facilité, la douane s'était résolument mise au travail, engageant les réformes nécessaires pour accélérer les procédures et, surtout, sécuriser les recettes. Elle a toujours eu pour obsession l'amélioration des recettes. Une culture qui s'est renforcée avec le contrôleur général Gnamien Konan. À ceux qui s'étonnaient d'une telle débauche d'énergie dans un contexte de crise marqué par une perte généralisée des repères et le triomphe de sous-valeurs, le directeur général des douanes indiquait invariablement : « Je fais ma part. » Je fais ma part, comme pour dire je fais ma part de devoir, aux autres de faire la leur.

En faisant sa part, la douane veut toujours montrer le chemin de la performance. Elle entend jouer pleinement sa partition. Car tout est question de parts. À chacun de faire la sienne : son travail, rien que son travail. C'est cela l'esprit douanier. Ne jamais rechigner à la tâche. Tant qu'il y a des efforts à fournir, tant qu'il y a un opérateur économique à recevoir, le douanier se montre toujours disponible. Des imperfections peuvent être observées dans le fonctionnement des services ou des manquements de la part de certains agents. Mais cet arbre qui trop souvent cache la forêt est une injustice faite aux douaniers.

Pendant la crise armée du début des années 2000, alors que la douane réalisait des excédents de recettes, certains, incrédules, ne trouvaient rien de mieux à faire que de minimiser l'effort des douaniers. Ils brandissaient, pour étayer leurs propos, les chiffres du Port autonome d'Abidjan qui indiquaient, dans le même temps, une hausse du tonnage débarqué. Mais ce qu'ils se gardaient bien de préciser, ces rabat-joie, c'était la nature de cette hausse. Celle-ci était essentiellement due aux matériels des forces impartiales : hélicoptères, blindés, véhicules de tout type, y compris de vivres. La hausse du tonnage ne pouvait et ne peut expliquer à elle seule les performances de la douane. Ce sont plutôt les actions conjuguées du top management et des différents services douaniers qui ont contribué, à cette époque, à améliorer le niveau des recettes.

La douane ne versait pas pour autant dans l'autosatisfaction, quoique le rappel constant de ses performances puisse en donner l'impression. À la vérité, il s'agissait de susciter une saine émulation dans le milieu. La douane avait un objectif mythique, celui d'atteindre annuellement 1 000 milliards. C'est désormais chose faite. Le nouveau challenge est d'atteindre 2 000 milliards.

Les recettes douanières de 2000 à 2019
(en milliards de francs CFA)

Années	**Objectifs**	**Réalisations**	**Écarts**	**Pourcentages**
2000	568,77	494,47	-74,30	86,94%
2001	504,94	560,81	55,87	111,06 %
2002	586,30	634,86	48,56	108,28 %
2003	600,90	645,14	44,24	107,05 %
2004	685,04	705,94	20,91	103,05 %
2005	709,00	648,60	-60,40	91,48%
2006	685,80	707,47	21,67	103,16 %
2007	765,10	784,14	19,04	102,49

				%
2008	853,60	786,21	-67,39	92,11%
2009	916,70	793,84	-122,86	86,60%
2010	952,00	938,58	-13,42	98,59%
2011	743,17	831,81	88,64	111,93%
2012	934,00	973,00	36,80	104,13%
2013	1 175,00	1 129,55	-45,00	96,13%
2014	1 278,76	1 260,02	-18,74	98,53%
2015	1 404,70	1 526,00	121,30	108,64%
2016	1 682,17	1 614,88	-67,28	96,00%
2017	1 680,82	1 723,73	42,91	102,60%
2018	1813,25	1747,09	-66,16	96,35%
2019	1846	1832,53	-13,47	99,27%

Malgré les mauvais procès, la perception étriquée de ses efforts et de ses apports, la douane est à la tâche avec le même engagement, la même détermination. Son but : recouvrer plus de droits et taxes tout en menant une lutte acharnée contre la fraude.

Il n'est pas inutile de rappeler qu'aux premières années de l'indépendance du pays, la douane ne recouvrait qu'une vingtaine de milliards, comme l'indique le tableau ci-après :

Années	Total recouvré
1960	18 655,00
1961	22 501,30
1962	20 570,40
1963	23 549,70
1964	28 576,70
1965	30 631,60
1966	31 879,70
1967	32 910,05

(en milliards de francs CFA)
Source : Direction des douanes.

Ces réalisations étaient encore plus faibles pendant la période coloniale, comme le révèle le tableau ci-dessous :

Années	Recettes douanières
1951	5 482
1952	5 487
1953	5 637
1954	8 187
1955	8 232
1956	11 603
1957	13 145
1958	13 144
1959	13 160

(en millions de FCFA)
Source : Mémento économique
(Direction du commerce extérieur).

Environ cinquante années plus tard, les recettes annuelles de l'époque sont réalisées en cinq jours à peine. De 18,655 milliards recouvrés en 1960, la douane a collecté 1 832,53 milliards en 2019, avec des moyennes journalières oscillant entre 5 et 8 milliards, réalisations annuelles de 1951 à 1955.

Pour l'année 2020, les objectifs annuels se chiffrent à 1 990,95 milliards de francs CFA.

Certes, la population s'est accrue et, avec elle, le pouvoir d'achat. Ce fait ne saurait suffire à minimiser les efforts de recouvrement de la douane qui, en la matière, est une fierté. Dans la période considérée, très peu d'administrations ont amélioré leurs performances dans les proportions qui sont celles de la douane. Bien au contraire, dans presque tous les cas, les avancées des débuts se sont fortement rétrécies, à tel point que les populations et les usagers du service public éprouvent de la nostalgie pour la période des débuts de l'indépendance et même pour la période coloniale.

À l'inverse, c'est à une amélioration des prestations que l'on assiste en douane. Au niveau économique, par exemple, la qualité des services offerts par la douane contribue pour une grande part à la compétitivité des entreprises privées et des ports ivoiriens. Les procédures, largement informatisées et simplifiées, permettent aux usagers de disposer assez rapidement de leurs marchandises. Il s'agit notamment du circuit vert, qui permet la sortie de plus de 60 % des marchandises à l'importation sans contrôle douanier préalable. Sur la base d'indicateurs de risques, une sélection automatique offre cet avantage aux opérateurs économiques qui en remplissent les conditions. La lutte contre la contrebande, par-delà l'impôt douanier qu'elle garantit, renforce les entreprises crédibles qu'elle protège de la concurrence déloyale. Les saisies de produits agricoles (cacao, anacarde) illicitement exportés ne se comptent plus et contribuent à renforcer l'économie. La lutte contre la contrefaçon que mène la douane protège aussi bien les entreprises que les populations.

Malgré tout, « un courant d'opinions surtout venant du milieu des industriels veut que la plupart de leurs difficultés soient dues à des fraudes à l'importation pratiquées sous la forme de sous-facturation ou de dumping » constate, désabusée, l'Administration des douanes dans son *Rapport d'activité pour l'année 1986 et perspectives d'avenir* et elle poursuit : « Des affirmations sont avancées sans que l'on nous apporte la moindre preuve. Certes, la fraude par sous-facturation ou dumping existe, et c'est un phénomène mondial [...], mais nous ne pensons pas qu'elle ait l'ampleur que l'on voudrait lui attribuer. » En 1986, déjà, les procès en sorcellerie avaient cours et étaient dénoncés. Tel est depuis toujours le quotidien de la douane, très souvent accusée de tous les maux, mais souvent sans preuve.

Au niveau sécuritaire, la lutte contre le trafic des armes et des stupéfiants est à relever. Si les saisies d'armes sont rares, les saisies de munitions de calibre 12, médicaments de qualité inférieure ou falsifiée et de cigarettes sont assez fréquentes. Les saisies de cannabis sont quasi quotidiennes avec des quantités de plus en plus élevées. Toutes ces actions contribuent à protéger les populations.

Mais l'importance de ces saisies de drogue est à nuancer. J'ai en mémoire le sourire amusé de ce collègue des douanes d'un pays de l'Asie du Sud qui, à une rencontre internationale à Tokyo, semblait surpris de nous voir présenter avec un brin de fierté nos saisies de drogue évaluées en kilos. Dans son pays, les saisies de drogue s'évaluaient en... conteneurs ! Des efforts sont donc à faire, bien que je doute que nous atteignions ces niveaux de saisies, pour la simple raison que nous ne sommes pas, comme son pays, gros producteur d'opium.

Le rôle important de la douane au niveau sécuritaire a été mis en évidence *a contrario* dans le scandale des déchets toxiques.

Pour rappel, des déchets toxiques ont été extraits des soutes d'un navire battant pavillon panaméen, le *Probo Koala,* et déversés à Abidjan et ses environs au moyen de divers camions-citernes. C'était en août 2006. Ces déchets, hautement toxiques, provenaient des Pays-Bas. Ils ont fait de nombreuses victimes et continuent d'en faire. Face à ce drame, des regards accusateurs se sont tournés vers la douane. Bien qu'il semble que plusieurs services soient montés à bord du navire à son arrivée, ce sont les services douaniers qui ont été mis à l'index, et pour cause. Il s'agissait d'un mouvement transfrontalier de déchets dangereux, au sens de la Convention de Bâle. Mais la douane en mesurait-elle toute la portée ? Savait-elle de quoi il s'agissait ? Les autres agences de l'État présentes sur le navire à son arrivée le savaient-elles aussi ? Si la douane a été fortement incriminée, c'est certainement en fonction de sa position stratégique qui en fait un acteur clé en matière de contrôles aux frontières. De la bonne ou mauvaise exécution de ses missions peuvent ou non résulter des catastrophes. Malheureusement, dans le cas des déchets du *Probo Koala*, la catastrophe aurait pu être évitée si la douane avait été outillée, si les pouvoirs publics ne faisaient pas d'elle une « simple » pourvoyeuse de recettes au détriment de ses missions économiques et sécuritaires. N'est-ce pas sur la base des recettes que les directeurs généraux des douanes sont évalués ? Autrement dit, le bon directeur général des douanes, c'est moins celui qui saisit armes, drogues, contrefaçons et produits dangereux que celui qui atteint les objectifs annuels de recettes. Une visite sur le site officiel de la présidence de la République avant 2011 édifiait sur ce constat. La page présentait un certain nombre de grands services de l'État parmi lesquels la Direction générale des douanes. Sous le titre « Évolution des douanes », n'étaient présentés que des niveaux de recettes réalisées de 1992 à 2003. Il y a urgence à reconsidérer cette vision réductrice.

En plus des recettes, la douane peut contribuer efficacement à la lutte contre le terrorisme par le contrôle des flux financiers illicites et des trafics en tout genre (alcools, cigarettes, biens culturels) dont il se finance. Les administrations douanières peuvent également contribuer à lutter efficacement contre le trafic illicite des précurseurs chimiques et des composants des engins explosifs improvisés (EEI), utilisés par les organisations terroristes. Leur rôle est primordial dans la lutte contre les importations illicites de précurseurs de drogues, produits chimiques à multiple usage entrant également dans la fabrication de substances telles que l'héroïne, la cocaïne, l'ecstasy, les amphétamines, le fentanyl et leurs dérivés.

Dans cet esprit, l'Administration des douanes a initié, depuis 2012, un processus d'installation de scanners à ses principales frontières. Bien que le déploiement ne soit pas terminé, d'importants résultats ont été enregistrés au niveau de certaines frontières. Les scanners ont permis la saisie d'or, de fortes sommes d'argent et de très grandes quantités de drogues. Ces résultats sont souvent passés sous silence parce qu'ils n'alimentent pas les caisses de l'État. Ils n'en demeurent pas moins intéressants du point de vue sécuritaire. Des réserves avaient pourtant été émises au niveau de certaines autorités quant à la pertinence du déploiement de scanners aux frontières. Il était alors régulièrement demandé à la douane de justifier l'intérêt de son projet par un accroissement de recettes. C'était comme si l'on disait à une société de sécurité qui a installé des portiques de sécurité à l'aéroport ou à l'entrée d'un immeuble de justifier le déploiement de ses équipements par le nombre d'armes saisies. Ce qu'il importe de retenir, c'est d'abord le caractère dissuasif de tels outils. Ensuite, les saisies de drogues et de stupéfiants effectuées grâce à ces scanners sont autant de produits nocifs retirés du marché intérieur. Les recettes sont certes importantes parce qu'elles permettent aux États de financer leurs fonctionnements mais la santé des populations l'est encore plus. Que vaudrait une société prospère dont la jeunesse serait gangrénée par l'usage abusif des drogues ? Par ailleurs, les États étant en général de mauvais redistributeurs, autant protéger la santé des populations en leur évitant la maladie que d'espérer pouvoir les soigner dans des centres de santé, une fois le mal installé.

La contribution de la douane à la sécurité est de plus en plus évoquée. La nécessaire synergie d'action face aux groupes terroristes a fini par avoir raison des antagonismes et des différents ego des forces en charge de la sécurité. Sa position stratégique à l'entrée et à la sortie du pays, les importantes données qu'elle détient et sa parfaite connaissance de la chaîne logistique internationale ont fini par faire d'elle un acteur de choix dans la lutte contre le terrorisme et les organisations criminelles. Ce rôle sécuritaire de la douane apparaît dans la résolution 1540 (2004) du Conseil de sécurité des Nations Unies adoptée lors de sa 4956e séance. Celle-ci invite les États membres à effectuer des contrôles efficaces aux frontières, à combattre le trafic illicite des armes nucléaires, chimiques et biologiques, à effectuer des contrôles efficaces sur le transit, l'exportation et le transbordement de ces armes ainsi que sur les flux financiers en rapport avec ces armes de destruction massive. Dans son rôle d'impulsion de bonnes pratiques, l'OMD a mis sur pied, au profit des membres, un programme de sécurité reconnu aussi bien par le G7 dans son Plan d'action sur la lutte contre le terrorisme et l'extrémisme violent que par le G20 à travers son Plan d'action sur la lutte contre le terrorisme. Ce programme prend en compte le contrôle des passagers avec l'utilisation des Renseignements préalables concernant les voyageurs (RPCV) et les dossiers passagers (PNR), le Programme Global Shield qui vise à surveiller les mouvements des produits chimiques à double usage et autres composants utilisés par les organisations terroristes pour la fabrication des engins explosifs improvisés (EEI), le projet d'Application des contrôles aux échanges de nature stratégique (ACES) qui se focalise sur les armes de destruction massive (ADM) et sur la prévention du trafic illicite de composants susceptibles d'être utilisés dans les ADM ou dans leurs vecteurs, le projet sur les Armes légères et de petit calibre (ALPC) et enfin, les initiatives de lutte contre le financement du terrorisme.

Avec tous ces défis, la douane ne pourrait plus longtemps se réduire à la perception des recettes. En plus des recettes qui doivent toujours faire l'objet d'attention particulière, elle a des atouts en termes de données exploitables et un champ de compétences à faire valoir. Les pouvoirs publics devraient évoluer dans leur perception de la douane et accorder toute sa place à cette administration, l'équiper convenablement en moyens cynotechniques et en laboratoires. Étant donné qu'ils ont une connaissance limitée des activités douanières, il revient aux responsables douaniers, qui sont bien informés des évolutions des missions de la douane, du fait de leurs participations régulières aux sessions du Conseil de l'OMD, d'éclairer les responsables politiques. Mais avant, il leur faudra œuvrer à la professionnalisation des personnels et à une meilleure organisation des services. De nombreuses administrations douanières à travers le monde présentent ce niveau de professionnalisation que l'on peut observer à l'occasion des voyages.

3.2 Des faiblesses à corriger

Au total, la douane contribue au développement du pays par les recettes fiscales qu'elle recouvre pour le compte du Trésor public, et ses contributions en termes de facilitation des échanges et de lutte contre les trafics illicites. Elle œuvre également à la sécurité et à la santé des populations par le concours qu'elle apporte aux organismes en charge de ces questions. Elle s'est fortement améliorée au fil des années, tant au niveau de sa visibilité, de son fonctionnement que de ses résultats. Mais de nombreux ajustements restent à faire, au regard des faiblesses qu'elle présente. Les managers douaniers peuvent s'employer à les réduire mais l'existence d'une volonté politique forte est un préalable indiscutable pour les surmonter. Cette volonté politique permettrait de trouver solution à la problématique du recrutement et de la formation du personnel. Les responsables douaniers pourraient alors s'occuper des questions liées aux relations interpersonnelles et à l'absence ou à l'inadéquation des outils de travail.

Contrairement à ce que pourrait penser l'opinion, la douane n'a pas la maîtrise du recrutement ni de la formation. Le personnel douanier est entièrement recruté par le ministère de la Fonction publique. Les cadres sont, comme indiqué plus haut, formés à l'ENA. Au niveau de cette école, la douane n'intervient que sur les matières spécifiquement douanières. Elle est limitée quant à la durée de la formation et au volume horaire des cours. Tout changement ou toute introduction de nouveaux cours doit se faire en tenant compte des impératifs de l'ENA. En France, pays qui a imaginé l'ENA, il est de notoriété que cette école a pour mission la formation de hauts fonctionnaires, notamment aux métiers d'auditeurs au Conseil d'État, d'auditeurs à la Cour des comptes, de conseillers de Tribunal administratif et de Cour administrative d'appel, de conseillers de Chambre des affaires étrangères, d'inspecteurs de deuxième classe à l'Inspection générale des finances, d'inspecteurs de deuxième classe à l'Inspection générale de l'administration, d'inspecteurs de deuxième classe à l'Inspection générale des affaires sociales, d'administrateurs civils. C'est certainement pourquoi il existe, parallèlement à l'ENA, de nombreuses écoles d'application qui forment à des emplois spécifiques de l'administration. La douane en compte plusieurs, dont l'École nationale des douanes de Tourcoing chargée de la formation des inspecteurs des douanes (catégorie A) et l'École nationale des brigades des douanes de La Rochelle, chargée de la formation professionnelle des agents de tous grades qui exercent leurs fonctions en uniforme. Les administrations du Trésor et des Impôts disposent également de leurs écoles.

En Côte d'Ivoire, il n'existe pas de telles écoles. Aussi, est-ce à l'ENA que tous les cadres de l'administration sont formés. Or, en raison de sa nature, l'École nationale d'administration, du moins pour certains emplois, ne peut former des cadres parfaitement prêts à l'emploi. À titre d'illustration, et pour ne retenir que la formation des inspecteurs et des administrateurs, il faut indiquer qu'aucun cours n'était, jusqu'à une date relativement récente, consacré à l'étude de la déclaration en détail. Le fonctionnaire issu de cette école apprenait donc sur le terrain toutes les subtilités du contrôle des déclarations. Car à l'ENA, il n'avait eu accès qu'à des cours théoriques. Le stage pratique effectué dans les services pour compléter les cours s'apparente plus à un exercice scolaire visant à la rédaction d'un rapport ou d'un mémoire de fin de formation.

C'est, en définitive, sans formation pratique que les élèves sortis de l'ENA sont affectés dans les services, généralement ceux en charge des opérations commerciales. L'apprentissage a, de ce fait, lieu en pleine situation professionnelle. Les services de première ligne étant très sensibles, les erreurs et les hésitations y ont de graves conséquences aussi bien sur le niveau de recouvrement des recettes que sur la célérité des opérations de dédouanement.

Ainsi qu'il apparaît, la douane n'a pas une emprise totale sur les éléments fondamentaux que sont le recrutement et la formation. La gestion de la formation est, de ce fait, ardue. Ces faiblesses au niveau de la formation initiale ne sont pas compensées par une politique rigoureuse de formation continue. En conséquence, les procédures sont mal acquises et les pratiques mal assurées. En général, l'encadrement, peu au fait des procédures, n'encadre pas, ne forme pas. Les agents, de ce point de vue, sont livrés à eux-mêmes. Ma mutation à la Direction des enquêtes douanières en 1994 m'a offert l'occasion d'en expérimenter la réalité. Au cours d'une de nos réunions hebdomadaires avec le directeur, je posai la question de la formation des nouveaux que nous étions. Venu de la section de visite d'Abidjan port où les activités consistaient à donner les permis d'enlever après le contrôle des déclarations et, éventuellement, des marchandises, je me retrouvais dans un service d'enquêtes. Les services de visite et ceux des enquêtes sont différents, avec des missions différentes. Légitimement, il me fallait savoir comment on travaillait aux enquêtes douanières et quelles étaient les expériences capitalisées dans le service. En somme, que fallait-il connaître pour être efficace à la Direction des enquêtes douanières ? Telle était la préoccupation que je portai à la connaissance du directeur. Pour toute réponse, j'entendis : « Débrouille-toi, mets-toi au travail et tu apprendras. » Je risquai : « Nous ne serons donc pas formés ? » Visiblement irrité, le directeur trancha : « Personne n'a de temps pour te former et personne ici n'a été formé par qui que ce soit. Alors, mets-toi au travail. » Que je me mette au travail, avait-il dit ! Mais avec quels moyens techniques et pour quels résultats ?

Quelques années plus tard, je suis nommé chef d'un important bureau de l'intérieur, à la frontière du Ghana. Et voici comment j'appris les premiers rudiments du métier. Je me rendis auprès d'un ancien, aujourd'hui disparu[47], qui me reçut une bonne partie de la nuit. Le lendemain, je rentrai à Abidjan. J'étais désormais apte à tenir le poste !

Les chefs de bureau, les chefs de subdivision, les chefs de brigade sortent de l'ENA ou de services dont les activités quotidiennes sont différentes de celles des services qu'ils sont appelés à diriger. Ils y prennent fonction sans formation. Tout se passe en douane comme si chaque métier faisait appel aux mêmes compétences. Or, il n'en est rien. Les compétences techniques (connaissances, méthode et savoir-faire) nécessaires pour servir à la visite sont différentes de celles qu'il faut mobiliser pour l'analyse et la gestion du risque, ou dans les services de deuxième ligne. Heureusement qu'avec l'appui des partenaires au développement, les perceptions semblent évoluer.

Outre les problèmes de formation et d'encadrement, il y a à déplorer l'absence d'un profil de carrière formalisé. Bien que tous soient conscients de cette nécessité, personne ne semble s'en préoccuper. Sans doute, attend-on qu'il soit élaboré par des tiers et mis à la disposition de l'administration. La gestion du changement ne semble pas faire non plus l'objet d'attentions. Faute de dispositions appropriées, l'impact des nombreuses réformes entreprises tarde à se manifester. En effet, de nombreux agents ou responsables opérationnels ne se les approprient pas ou s'exécutent partiellement, donnant de la douane l'image d'une administration à plusieurs vitesses. Est-ce une

[47] Feu le colonel Kouablan Dongo. Il était alors chef du bureau des douanes de Niablé.

mauvaise volonté de leur part ? On ne pourrait l'affirmer que partiellement. Quel peut bien être leur niveau d'engagement s'ils ne sont pas associés aux différents processus de réformes ou de modernisation ? Principaux acteurs en matière de mise en œuvre, leurs points de vue ne sont jamais sollicités. En conséquence, ils se détachent des extrants issus des réflexions qui continueront de leur demeurer étrangers. Il est également à déplorer que de nombreuses procédures semblent être mises en place par acquit de conscience. Une fois en application, elles ne font pas l'objet d'évaluations, et leurs failles continuent d'être exploitées par les fraudeurs. Combien sont-ils, les agents de l'Administration des douanes, capables d'affirmer avoir été témoins de l'évaluation d'une procédure quelconque mise en place au sein de l'administration ? Bien souvent, les procédures en vigueur sont remplacées à la suite de la survenance de problèmes. Comme il est aisé de constater, l'administration s'inscrit dans la réaction et non dans l'anticipation. À ce stade, le mal est déjà fait. Les fraudes identifiées sont celles qui probablement n'ont pas été bien ficelées. Combien sont-elles à avoir échappé au service ? Or, si les procédures faisaient l'objet d'évaluation périodique, bien de cas de fraudes auraient été évités. Cet ensemble de « ratés » démotive le personnel et altère l'efficacité du service. La question se pose alors de savoir comment y remédier efficacement.

QUATRIÈME PARTIE
Pour un management efficace des services douaniers

Pour une gestion efficace des services douaniers, il importe de maîtriser de prime abord les environnements externe et interne de la douane. L'environnement externe rend compte de tout ce qui est extérieur à l'administration douanière et qui a une influence directe ou indirecte sur son fonctionnement. Quant à l'environnement interne, il se réfère à tout ce qui est interne à l'administration elle-même au regard des forces et des faiblesses de ses effectifs, de ses procédures et de ses moyens. Parce que la maîtrise de l'environnement est un déterminant de la réussite de sa mission, le manager douanier doit en avoir une bonne connaissance. C'est pourquoi il doit se convaincre que « l'environnement n'est pas une donnée mais un "construit" et on doit le modifier plutôt que le subir[48]. »

4.1 État des lieux et maîtrise des environnements externe et interne

La maîtrise de l'environnement externe passe par l'analyse de celui-ci. Cette analyse fait appel à l'identification des principaux facteurs d'influence externe à la douane et sur lesquels elle n'a aucune emprise. Elle permet de passer en revue un certain nombre de variables (politico-réglementaire, économique, socioculturelle, technologique) qui ont un impact direct ou indirect sur l'activité douanière. Cet exercice conduit à l'identification des opportunités et des menaces.

---

[48] LERVILLE ANGER (Vincent), FRERY (Frédéric) *et al.*, *Conduire le diagnostic global d'une unité industrielle*, Eyrolles, 2001, p. 11.

Analyser l'environnement externe douanier revient notamment à s'instruire sur la place qu'occupe cette administration dans la stratégie de développement du pays. La douane peut être essentiellement fiscale (principale pourvoyeuse de ressources budgétaires), comme dans la plupart des pays en développement. Elle peut être économique (principal organe de lutte contre la contrefaçon, le dumping) ou encore sécuritaire (lutte contre le trafic des armes, le terrorisme). Ces deux dernières missions qui se rencontraient surtout dans les pays développés sont partagées par un nombre croissant d'administrations douanières de pays en développement, en raison de la recrudescence du terrorisme transfrontalier. Elles y demeurent toutefois embryonnaires. Il reste entendu que les moyens à mettre à la disposition de la douane sont fonction du type de mission qui lui est dévolue. Outre l'orientation donnée à l'Administration des douanes et qui conditionne son fonctionnement, cette analyse doit aussi prendre en compte la position géographique et économique du pays dans la sous-région et de façon générale, son niveau d'activité économique et les tendances économiques mondiales. Les textes qui régissent la douane, les habitudes des populations en général et celles des opérateurs économiques en particulier (civisme fiscal ou tendance à la fraude), sans oublier le niveau technologique mondial avec ses applications et implications douanières, sont autant d'éléments à passer en revue dans le cadre de cette analyse.

Une série de questions sont nécessaires à cette fin. Le pays a-t-il une façade maritime ou est-il enclavé ? Peut-il compter sur ses voisins pour juguler la fraude ? Quelle place occupe la douane dans le pays ? Est-elle la principale source de recettes fiscales ou en existe-t-il d'autres ? Le pays est-il membre d'une union douanière et quelle place y occupe-t-il ?

À ces questions qui ne sont pas exhaustives, il faut apporter les réponses nécessaires. Il importe de savoir qu'un pays à façade maritime sera utilisé comme pays de transit pour les marchandises de ses voisins et comme un pays d'avitaillement pour les navires. Le régime de transit fait courir au pays le risque de déversements frauduleux de produits déclarés pour la réexportation. La plupart des produits de grande consommation observés sur les marchés, alors qu'ils sont absents des statistiques de la douane, sont majoritairement le fait de ce régime. Quant à l'avitaillement, connu pour être source d'importantes fraudes, il doit être particulièrement suivi. Un pays à façade maritime devra donc équiper ses services en moyens nautiques adaptés afin de leur permettre de suivre les différentes opérations. Ce qui serait sans utilité pour une administration douanière d'un pays enclavé.

Aux enquêtes douanières où j'étais en service, j'ai eu à traiter un dossier d'avitaillement impliquant des compagnies pétrolières internationales. Le cas de fraude en la matière se situe à deux niveaux. Soit des navires fictifs sont déclarés, soit les quantités déclarées au soutage sont de loin supérieures à la capacité des navires ou à leur besoin réel (écart entre la quantité disponible en soute et les capacités du bâtiment). Le cas que j'ai suivi portait sur un ensemble de déclarations relatives à des navires avitaillés à des dates données. Mais ni les consignataires desdits navires ni la capitainerie du port ne confirmaient la présence de ceux-ci en Côte d'Ivoire aux dates indiquées. Certains avaient été retrouvés dans un chantier naval de la place où ils étaient en réparation depuis des années. Les avitaillements sont, pour le pays à façade maritime, une équation à maîtriser.

Si ce pays dispose d'un port de transbordement, il faudra davantage de vigilance à l'administration douanière. Bien souvent, sous le couvert du transbordement, d'importantes quantités de marchandises sont déversées sur le marché intérieur. Le transbordement peut également couvrir des opérations criminelles avec l'exportation de conteneurs vides ou contenant de la marchandise sans valeur (abus d'avantages fiscaux ou transferts illicites de devises).

L'analyse de l'environnement externe doit également conduire à une meilleure appréciation du rôle de la douane dans les relations commerciales du pays avec ses voisins. En tant que pays d'importation pour ceux-ci, deux cas de fraude sont à redouter. Il s'agit du cas de marchandises prises sur le marché intérieur et de marchandises obtenues à la suite d'une admission temporaire pour transformation. Si les marchandises sont prises sur le marché en hors taxe (hors TVA), alors les responsables douaniers devront veiller à l'exportation effective desdites marchandises au risque d'avoir à faire face à un déversement frauduleux sur le marché. Ces marchandises détournées de leur destination déclarée et revendues sur le marché national concurrenceront de façon irrégulière (concurrence déloyale) les produits du commerce licite, en raison de l'avantage sur la TVA. Si, au contraire, ces marchandises sont acquises toutes taxes comprises, une exportation fictive pourrait faire bénéficier indûment à ses auteurs le remboursement de la TVA.

En ce qui concerne les marchandises issues d'une admission temporaire pour transformation, l'action de la douane vise aussi bien à protéger les entreprises locales contre la concurrence déloyale qu'à sauvegarder les intérêts du Trésor public (droits et taxes). En effet, bien des opérateurs mettent ou tentent régulièrement de mettre sur le marché des produits finis dont les matières premières ont été importées en suspension de droits. Cette situation appelle de la part des services douaniers une attention constante. C'est ainsi que la douane a pu découvrir une fraude portant sur du papier toilette (papier hygiénique). La destination déclarée pour d'importantes quantités de ce produit était un pays de la sous-région où, pour des questions religieuses, l'usage de ce type de papier est moins courant.

Les risques liés à la position commerciale du pays (client ou fournisseur des pays voisins) sont nombreux. Risque de contrebande, en ce qui concerne les importations, et risque de déversement frauduleux, au regard des exportations. La fraude sur le carburant en Côte d'Ivoire porte, pour une grande part, sur les productions destinées aux pays voisins.

En vue de contrer cette fraude qui demeure très préoccupante, le lieu d'approvisionnement des camions-citernes venus des pays voisins a été changé. Il a été décidé de les approvisionner à partir de Bouaké, au centre du pays. Ce qui, pour les camionneurs, représente un gain de 700 kilomètres sur l'aller-retour. Il y a un autre gain de temps qui découle de cette situation, la ville de Bouaké étant sensiblement à équidistance d'Abidjan et des premières villes des pays voisins du Nord. Contre toute attente, il s'est trouvé des opérateurs économiques étrangers et des chauffeurs pour protester. Ils préféreraient aller s'approvisionner près de 350 kilomètres plus loin, à Abidjan. Qu'est-ce qui peut bien expliquer un tel comportement irrationnel, si ce n'est le désir de frauder ? Car c'est à Abidjan que la plupart des déversements frauduleux s'effectuent.

L'appartenance à une union douanière est également un facteur de risque qui doit mettre la douane sur ses gardes. Les fraudes, à ce niveau, pourraient porter sur l'origine des marchandises. Aux marchandises présentées au contrôle douanier, des opérateurs économiques peu scrupuleux pourraient frauduleusement déclarer une origine communautaire et bénéficier des avantages douaniers qui s'y rattachent. À cet égard, les douanes ivoiriennes éprouvent des difficultés avec le poisson d'origine sénégalaise. Le reconditionnement de poissons de diverses origines extracommunautaires semble s'opérer dans certains entrepôts de ce pays et le tout est exporté avec l'origine préférentielle. Ces cargaisons de poissons sont donc mises à la consommation en Côte d'Ivoire, libres de tous droits alors que ces droits sont dus en raison de leur origine étrangère.

La connaissance des principaux produits à l'importation et du niveau de taxation de chaque produit est aussi nécessaire. Les principaux produits à l'importation sont, par définition, les plus demandés. La tendance des fraudeurs sera de s'engouffrer dans le secteur. C'est pourquoi tout nouvel entrant dans le cercle des importateurs réguliers devra être suivi. Il est également bon de rappeler que sur de tels produits, la concurrence est rude et les bénéfices sont souvent faibles. En général, ceux-ci s'obtiennent sur les quantités vendues. Pour se garantir des marges confortables, les opérateurs impliqués dans l'importation de ces marchandises seront tentés de recourir à la sous-évaluation.

Quant au niveau de taxation, cet indicateur peut être très révélateur. La tendance des fraudeurs sera de déclarer les marchandises aux espèces ayant les taux les plus faibles.

Le niveau et la qualité de la réglementation douanière sont des éléments importants à prendre en compte dans l'analyse. Il s'agira ici de s'assurer que les textes existent en nombre suffisant, qu'ils sont à jour, de compréhension facile, et disponibles. En effet, des textes mal rédigés peuvent donner lieu à des interprétations qui pourraient bénéficier aux opérateurs et aux individus véreux.

Connaître les principaux partenaires commerciaux ainsi que les habitudes de chacun des importateurs est aussi important. Les exportateurs de certains pays sont très peu regardants sur les règles du commerce international. Suivant la volonté du client, ils lui délivrent les documents voulus. Ainsi sont souvent présentés aux contrôles douaniers de fausses factures, de faux certificats phytosanitaires ou autres. La réflexion peut se poursuivre au niveau des populations. Il s'agira de savoir si la population comprend les missions de la douane, si elle est prompte à payer ses droits de douane ou, au contraire, si elle cherche la moindre occasion pour contourner les services douaniers. En somme, la population a-t-elle une culture fiscale ? Le responsable douanier doit le savoir. Il doit connaître la mentalité des populations. Ainsi, saura-t-il s'il peut compter sur elles dans sa lutte contre la fraude.

Pour certaines populations, payer les droits de douane est une tracasserie administrative. Il n'est donc pas acquis que celles-ci apportent leur concours aux autorités douanières dans le cadre de la lutte contre la fraude. Le savoir pourrait, d'une part, faire prendre conscience des difficultés et, d'autre part, des mesures à prendre en termes de sensibilisation et de procédures.

Lorsque le civisme fiscal est bien ancré au sein des populations, les risques de fraude sont moins fréquents. C'est pourquoi le manager douanier ne devra pas négliger le niveau de culture fiscale des opérateurs économiques et des populations de son pays. Il ne s'agira pas pour lui de cataloguer ces partenaires, mais de les sensibiliser tout en prenant, en interne, les mesures appropriées.

Il doit également avoir à l'esprit que dans tout pays où les populations assimilent le paiement des droits et taxes à des tracasseries, les agents des douanes auront tendance à avoir une certaine indulgence pour les fraudeurs. Ne sont-ils pas eux-mêmes issus de ces sociétés ? Le recours systématique des douanes ivoiriennes à la transaction sans considération de la gravité des infractions ni de la récidive des contrevenants illustre, à certains égards, ce penchant des agents. Une meilleure connaissance de cet état psychologique ne serait pas sans intérêt.

Le degré d'utilisation des moyens technologiques dans le pays est aussi à cerner dans cette analyse. À quel stade d'utilisation sont l'administration et les opérateurs économiques ? L'administration est-elle au niveau du secteur privé ? Ou le secteur privé est-il en avance ou à la traîne ? La procédure de dédouanement est-elle informatisée ? Il importe de s'assurer du niveau de fiabilité du système informatique de l'administration, de son déploiement et de sa connectivité avec des systèmes nationaux ou avec ceux des douanes des pays voisins.

Cette analyse permettra au manager de développer des outils de gestion et de sécurisation des procédures, après avoir défini sa cartographie des risques.

Cet ensemble de questionnements serait toutefois incomplet s'il ne prenait pas en compte les forces et les faiblesses de la douane, les opportunités qui s'offrent à elle ainsi que les menaces auxquelles elle fait ou doit faire face.

À ce niveau, trois éléments clés suffiraient. Les moyens matériels et techniques, les moyens humains et les valeurs dominantes.

Par rapport aux moyens matériels et techniques, il s'agira pour le manager de les évaluer, en termes de quantité et de qualité. Cela reviendrait donc à se demander si le matériel à sa disposition est en nombre suffisant, s'il est en état, s'il est adapté à la mission et s'il est actuel. Il devra également s'assurer que les agents reçoivent des dotations en carburant convenables assorties des consignes nécessaires à leur utilisation rationnelle. De cette analyse, il doit pouvoir se faire une idée précise des besoins. Cette même démarche vaut pour l'estimation des moyens techniques. Quant aux moyens humains, outre le nombre et la qualité, l'analyse s'attachera à déterminer si le personnel est conscient de sa mission et de sa responsabilité (degré d'implication, motivation) et s'il est, dans l'ensemble, consciencieux et respectueux des bonnes pratiques. De ce point de vue, l'existence d'un code de bonne conduite largement diffusé et appliqué serait un atout fondamental. De même, un statut particulier à l'administration, par la souplesse et la précision qu'il garantit, serait un gros avantage. Un statut particulier suppose, entre autres, la maîtrise du recrutement. Une administration douanière qui ne maîtriserait pas le recrutement pourrait difficilement s'améliorer. L'on veillera à la motivation des agents, notamment à s'assurer de l'existence de primes, d'un cadre de travail approprié et d'un profil de carrière formalisé. Il n'est pas sans intérêt de préciser que la motivation dont il est question ici n'est pas que financière. Elle revêt plusieurs formes. De nombreux responsables douaniers s'étonnent des grèves à répétition dans leurs administrations alors qu'ils pensent avoir motivé leurs agents en leur octroyant des primes élevées. Ce qu'ils oublient, c'est que les primes finissent toujours par perdre leur caractère exceptionnel pour être assimilées au salaire. Dès lors, elles perdent de leur intérêt. Aux incitations financières, il faudra ajouter de meilleures conditions de travail et veiller à offrir des perspectives aux agents.

L'analyse des valeurs dominantes a pour intérêt l'identification de la culture du personnel. Celui-ci est-il porté sur la quête de la performance collective ou, au contraire, est-il à la poursuite de gains faciles ? Avec l'humour bien ivoirien, on se demanderait s'il poursuit des objectifs de recettes ou des « objectifs de retraite ». Ce personnel sera-t-il sensible aux réformes ? Quels sont ses points forts et ses points faibles ? Cette analyse doit viser également à découvrir les têtes fortes, pour ne pas dire les leaders. Il en existe toujours dans les organisations. Certains sont positifs, prêts à aider. D'autres, en revanche, cherchent à se faire remarquer en s'opposant. Le savoir est important dans la conduite des nécessaires changements.

Pour sa part, la douane ivoirienne dispose depuis 1987 d'un Système de dédouanement automatisé des marchandises (SYDAM) assez performant et facilement déployable sur l'ensemble du territoire. Après deux versions propres, la douane utilise depuis le début des années 2000 un noyau de Sydonia de la CNUCED, baptisé le SYDAM World. Cet outil, qui gère toute la procédure de dédouanement depuis l'élaboration de la déclaration jusqu'à la sortie des marchandises en passant par les paiements, permet de sécuriser les envois, de traiter les dossiers avec célérité et de garantir les perceptions. L'informatique est relativement bien diffusée en douane. Des efforts sont à faire dans le cadre d'une meilleure appropriation de cet outil par le personnel. Au niveau du comité de direction élargi aux sous-directeurs, il en existe qui éprouvent encore quelques difficultés avec cet outil. Mais nous sommes bien loin de la situation du début des années 1990 où certains ne connaissaient même pas… le nom de l'ordinateur !

Une anecdote me vient à l'esprit, qui illustre bien ces propos. Revenu des États-Unis avec un ordinateur que m'avait offert un ami, je l'avais installé au bureau où je m'essayais au traitement de texte sur cette machine qu'il fallait démarrer en MS-DOS avec une disquette souple (*floppy disk*). Quelle fierté pour moi à cette époque ! Nous étions au milieu des années 1990. Entré dans mon bureau un matin, le sous-directeur vit l'appareil et s'écria : « Tu as la chose de Doulourou[49] là aussi ? » La chose, avait-il dit. Il n'en connaissait même pas le nom.

---

[49] Le colonel André Coulibaly Doulourou, à la retraite depuis le début des années 1990, était un des rares directeurs de son époque, peut-être

Cette ère est bien révolue, car l'ordinateur est partout dans les services et il est inimaginable de rencontrer un responsable douanier qui en ignore le nom. Tous, sinon presque tous, savent s'en servir. C'est un atout. Le pays est largement couvert par le téléphone fixe et mobile. L'Internet est également disponible. Toutes ces technologies sont, hélas, autant de possibilités de fraude que de moyens efficaces de lutte contre la fraude.

Le matériel roulant est en grand nombre, quoiqu'insuffisant. Les dotations en automobiles et en motos sont régulières. La quasi-totalité des bureaux et des brigades d'Abidjan et de l'intérieur du pays dispose d'au moins un véhicule d'intervention. Le problème majeur qui se pose est celui de l'entretien. Le garage de l'Administration des douanes n'étant plus fonctionnel, il est fait recours aux concessionnaires ou à des garagistes privés. Bien souvent, les prestations sont en deçà des attentes. Les concessionnaires sous-traitent auprès desdits garagistes privés avec, au final, des factures particulièrement exorbitantes.

Les responsables douaniers peuvent compter sur un personnel de qualité, bien motivé et qui s'efforce avec détermination d'atteindre les objectifs de recettes qui lui sont annuellement assignés. De nombreuses personnes qui ont servi dans d'autres administrations avant ou après la douane témoignent de l'ardeur des douaniers au travail et de leur sens élevé du devoir. Malheureusement, les préjugés ont la peau dure, volontairement entretenus, du reste. En matière de gestion du personnel, le directeur général des douanes dispose d'une large autonomie. En dehors des directeurs généraux adjoints, des directeurs centraux, des sous-directeurs et de tous les cadres du

---

le seul, à savoir se servir d'un ordinateur. Brillant formateur, il était reconnu pour sa rigueur au travail.

même rang, les mouvements (affectations et mutations) relatifs à tous les autres membres du personnel relèvent de la compétence du directeur général qui a reçu à cet égard une délégation permanente du ministre en charge de la Douane. En dépit de l'existence de différents emplois, il n'existe pas de cloisonnement entre les agents. Un atout qui n'est pas sans revers.

Connaître ses points forts et ignorer ses faiblesses est une faiblesse. C'est connu. *A contrario*, connaître ses faiblesses, c'est disposer d'une force supplémentaire. Car en fonction des faiblesses identifiées tant au niveau du personnel que des moyens matériels, des dispositions pourront être prises.

En tant qu'administration publique, la douane n'échappe pas aux intrigues et immixtions en tout genre et de toutes origines qui, bien souvent, rythment les recrutements, les affectations et les mutations d'agents dans les pays en développement. Ceux-ci s'en trouvent biaisés et ont, par voie de conséquence, un impact sur la performance des services. Le personnel recruté sur la base de critères qui tranchent avec les bonnes pratiques ou affecté après une intervention extérieure ne pourrait qu'avoir son propre agenda. Parfois, cet agenda est dicté par les engagements obscurs pris, qui lui valent d'être à son poste. Cette réalité qui, parfois, s'impose aux premiers responsables des services doit être sue et prise en compte dans la gestion des ressources humaines.

Quant aux mutations, elles ont lieu continuellement, tout au long de l'année. Ces fréquents redéploiements peuvent amener, en pleine année scolaire, un père ou une mère de famille à des centaines de kilomètres de son lieu d'habitation initial. Un tel agent, préoccupé par sa famille dont il s'est éloigné sans dispositions préalables, ne pourra que donner partiellement satisfaction dans l'exécution de son travail. Par le passé, les mouvements d'agents se passaient annuellement à une période bien définie. Seuls les cas de sanctions, par déplacement d'office des concernés, justifiaient des mutations en dehors de cette période. Connue sous l'appellation de « grand mouvement », cette pratique abandonnée depuis des décennies fait place à des mouvements quasi quotidiens d'agents.

L'interférence politique, identifiée par les organisations internationales compétentes comme source d'affaissement de l'intégrité et de développement de la corruption, n'est pas absente des mutations. Bien que les managers se gardent d'en parler, certaines décisions semblent l'indiquer ouvertement. De nombreux agents, en raison de leurs affinités ethniques, familiales ou politiques avec des décideurs politiques, obtiennent de ces derniers des interférences dans les mutations. Parfois, la décision d'affectation, signée de bonne foi, se trouve être l'aboutissement d'un marchandage occulte.

Responsable d'un bureau à la frontière du Ghana, j'ai été informé d'une situation pour le moins cocasse. Alerté par une chaude discussion entre un agent et un individu, je voulus en savoir davantage. J'appris par des collègues de l'agent qu'il s'agissait d'un « fournisseur de service » venu réclamer sa créance. Cet homme, un agent de la présidence, m'a-t-on dit, avait été approché par l'agent concerné aux fins de se faire affecter à ce bureau frontière contre le versement d'une rente mensuelle de 300 000 FCFA. Las d'attendre une promesse qui n'était pas tenue, notre rentier se décida à aller encaisser son dû. Mais la situation du terrain n'étant pas celle qu'avait imaginée notre agent, celui-ci ne pouvait plus simplement honorer ses engagements… Peut-on compter sur un tel agent pour accomplir ses missions ? Visiblement, les siennes ne semblent pas cadrer avec celles du service.

Il est également à souligner l'absence d'un statut propre à la douane, qui ne permet pas une gestion optimale des effectifs. Relevant du Statut général de la fonction publique, l'administration douanière n'a aucune maîtrise des recrutements (effectifs, profils). Ceux-ci, comme il a été précisé plus haut, sont exclusivement effectués par le ministère de la Fonction publique. De plus, les textes sur la base desquels s'effectuent les recrutements présentent de nombreuses faiblesses handicapantes pour l'administration. Ils ne sont pas adaptés aux spécificités que requiert la fonction douanière. Fixant l'âge maximum pour le recrutement des agents d'encadrement à 40 ans, ces textes ne peuvent permettre à la douane de disposer d'un effectif d'agents jeunes ou de maîtriser le vieillissement de son personnel. Les recrutements effectués sur la base desdits textes ne tiennent pas compte de l'aptitude et de la condition physiques des candidats. Plus grave, les candidats recrutés sont directement nommés dans l'emploi. Ils ont leur situation administrative régularisée alors qu'ils n'ont pas encore les rudiments du métier de douanier. La formation qu'organise la douane n'a, de ce fait, aucun impact. Bien qu'il soit inimaginable pour la douane de fonctionner sans informaticiens, les textes actuels ne lui offrent pas la possibilité d'en recruter directement. Cette situation est valable pour tous les métiers rendus nécessaires par l'évolution de l'activité douanière. Il s'agit notamment des statisticiens-économistes, opérateurs en imagerie, auditeurs… Certains de ces métiers peuvent faire l'objet de formation continue. Mais pour les plus techniques, un recrutement à la carte est nécessaire. Le recrutement dans les effectifs douaniers d'informaticiens, de statisticiens, de chimistes et autres spécialités se fait parmi des fonctionnaires qui n'ont pas la qualité de douaniers. Ils ne prêtent pas serment et ne sont pas soumis au même régime disciplinaire que les douaniers alors que certains parmi eux, notamment les informaticiens, ont accès à des données des plus sensibles. À l'évidence, l'approche actuelle crée, au sein de la même administration, deux types de personnels alors qu'un recrutement direct des compétences aurait fait l'économie d'un tel tableau.

Le management des ressources humaines est donc au nombre des points d'amélioration.

Par ailleurs, bien qu'elle soit l'une des administrations de l'État les plus anciennes, les missions et le fonctionnement de la douane demeurent inconnus du grand public et même de certains hauts cadres de l'État. Ceux-ci ne connaissent que le personnel de surveillance en poste aux frontières ou sur les routes et n'ont aux lèvres que les frasques de quelques agents ou les travers de cette administration. Pour d'autres, en revanche, la douane est une vache à lait dont les serviteurs sont de petits privilégiés. Pis, ils ne connaissent pas la destination des recettes douanières. C'est à peine s'ils ne croient pas que ces recettes demeurent en douane. Aussi, sont-ils réfractaires au paiement correct des droits et taxes.

Il y a lieu de relever, au titre des faiblesses, cette sorte d'anarchie qui règne au niveau syndical. Il existe une quinzaine de syndicats, dans cette administration qui compte au plus 4 000 agents. Pour la plupart, ces syndicats ont été créés par les mêmes groupes d'individus. Et d'incompréhension en incompréhension, ils essaiment. Mais tous prétendent agir pour le compte de l'ensemble des agents des douanes. Or, ces derniers, dans leur majorité, ne se reconnaissent en aucun syndicat particulier, bien qu'appréciant les retombées financières de leur lutte. Malgré tout, ces syndicats, individuellement ou collectivement, perturbent régulièrement le fonctionnement du service. Ils ont été à l'origine de la perte d'une grande partie du patrimoine immobilier.

Ce patrimoine, relativement riche par le passé, s'est certes dégradé avec le temps, faute d'entretien. Des efforts de réhabilitation sont entrepris mais, dans l'ensemble, ceux-ci demeurent insuffisants. Plus que l'effet du temps, perceptible par le mauvais état des bureaux de l'intérieur et des casernes, ce sont les assauts subis dans la première décennie de l'an 2000 à l'initiative de ces syndicats qui ont porté l'estocade. Ils ont réclamé et obtenu la cession des casernes de l'aéroport, de Vridi, de Treichville, de la cité de Koumassi et du Plateau, sans le consentement de l'Administration des douanes et parfois au mépris des textes en vigueur. Dans cette opération, la structure en charge de la gestion du patrimoine de l'État a préféré discuter de la cession avec ceux-ci alors que l'Administration des douanes était l'interlocuteur privilégié. En effet, c'est elle qui, en la personne de son directeur, Angoua Koffi Maurice, a demandé et obtenu les crédits nécessaires à la construction des bâtiments dans le cadre d'un programme pluriannuel financé par le Budget spécial d'investissement et d'équipement (BSIE). Pour le directeur des douanes, regrouper les agents en caserne devait avoir « une conséquence heureuse sur la discipline et l'exécution du service », pouvait-on lire dans un rapport confidentiel du 29 février 1968 adressé au ministre délégué aux Affaires économiques et financières. Il a œuvré à la réalisation de ces casernes afin que les agents des douanes soient « logés comme leurs collègues de la Police et de la Gendarmerie ». La dispersion des agents explique-t-elle les récurrents manquements à la discipline qui s'observent au sein de cette administration ? En dépit de ces faiblesses, les nombreuses opportunités qui s'offrent à la douane sont des leviers à ne pas négliger.

À cet égard, la présence de l'Organisation mondiale des douanes qui joue « le rôle de chef de file et fournit des orientations et un appui aux Administrations des douanes en vue de sécuriser et faciliter les échanges légitimes, d'assurer le recouvrement des recettes, de protéger la société et de renforcer les capacités[50] » est un atout indéniable.

Il importe de rappeler que l'OMD se donne un certain nombre d'objectifs clés, tous orientés vers le soutien aux administrations douanières dans l'accomplissement de leurs missions. Elle s'engage, auprès des administrations douanières et avec elles, à promouvoir la sécurité et la facilitation du commerce international ainsi que la simplification et l'harmonisation des régimes douaniers, à consolider le renforcement des capacités, à promouvoir l'échange d'informations entre les administrations douanières et les parties prenantes[51]. Les nombreux outils et instruments qu'elle a développés et continue de développer offrent aux administrations douanières des repères très utiles dans leurs efforts de renforcement de l'éthique (déclaration d'Arusha révisée), d'amélioration des procédures et processus (Convention de Kyoto révisée, Cadre des normes SAFE, mesure de la performance, Étude sur le temps nécessaire à la main levée des marchandises[52]), de modernisation (programme Colombus) ou de renforcement des capacités (programmes Mercator, PICARD). L'existence de régions au sein desquelles les directeurs généraux se concertent facilite les échanges d'informations et les retours d'expériences. La politique d'installation de Bureaux régionaux de renforcement des capacités (BRRC) favorise la

---

[50] Site de l'OMD, consulté le 24 novembre 2018 : http://www.wcoomd.org/fr/about-us/what-is-the-wco/mission_statement.aspx

[51] *Ibid.*

[52] Étude sur le temps nécessaire à la main levée des marchandises, plus connue sous son acronyme anglais TRS (Time Release Study).

professionnalisation des administrations et du capital humain.

À ces opportunités, s'ajoutent les larges possibilités offertes par les Technologies de l'information et de la communication, technologies à l'essor fulgurant et aux applications douanières infinies.

Relativement récentes, ces technologies introduites dans le vocabulaire contemporain depuis bientôt deux décennies rythment désormais la vie des individus, des ménages, des entreprises publiques ou privées, des administrations et des institutions. Dans l'univers douanier, ces technologies ne présentent pas que des opportunités. Elles *sont* une opportunité à plus d'un titre, car elles offrent un large éventail d'actions. Non seulement elles permettent la diffusion des informations, des procédures et de la réglementation douanières, mais elles offrent aussi d'importantes possibilités opérationnelles, de formation et de partage d'information.

Disposer d'un site internet, communiquer par courrier électronique semble évident de nos jours. Pourtant, il y a peu, notamment avant les années 2000, ces technologies étaient inconnues de la plupart des administrations douanières. Pour mon mémoire de fin de formation du cycle supérieur de l'ENA à cette époque, j'avais à traiter du thème suivant : « La douane et les Nouvelles technologies de l'information et de la communication ». Je dois avouer que le thème était révolutionnaire pour l'époque, tant le phénomène était méconnu. Je fis valoir dans mon exposé, après en avoir présenté les avantages et les inconvénients, que les NTIC étaient à la fois une opportunité et un défi pour les administrations douanières. Ce qui n'empêcha pas le président du jury, qui n'y comprenait absolument rien, de me railler en ces termes : « NTIC, NTIC (je vous passe la difficulté qu'il avait à prononcer l'acronyme) ; on va faire quoi avec ça ? On parle de recettes douanières, toi tu viens nous parler de NTIC. Qu'est-ce ça peut nous rapporter ? » Ce cadre des douanes, aujourd'hui à la retraite, se perdrait totalement dans l'environnement douanier actuel, tant il est impossible de concevoir la douane sans les Technologies numériques. Je n'ose même pas imaginer la tête qu'il ferait s'il entendait parler des chaînes de blocs, de l'intelligence artificielle, ou de conteneurs intelligents.

Beaucoup d'eau a coulé sous les ponts et, depuis, de nombreuses administrations disposent de sites internet, de pages Facebook, de comptes twitter, Instagram… par lesquels elles procèdent à l'information et à la sensibilisation des usagers. En plus du Code des douanes et des actes (décrets, arrêtés, circulaires réglementaires) mis à leur disposition, ces portails permettent la diffusion de renseignements détaillés sur les différents régimes économiques, les franchises, les prohibitions à l'importation et à l'exportation ainsi que les pénalités sanctionnant les infractions. Mieux informé, l'usager est un partenaire dont la collaboration permet une meilleure exécution du service.

Trop souvent, par méconnaissance des textes, ces usagers accusent la douane d'abus. Les administrations douanières disposent avec les TIC de la possibilité de mettre en ligne tous les besoins d'information du public, accompagnés de coordonnées (numéros de téléphone et adresses électroniques) de collaborateurs à contacter en cas de nécessité.

L'intérêt d'une mise en ligne de la réglementation et du tarif réside dans le fait que ceux-ci seront accessibles de partout et de tous. Les opérateurs économiques tant nationaux qu'étrangers disposant de ces informations sauront se mettre à l'abri des nombreux désagréments dont ils sont si souvent l'objet en raison de cette méconnaissance des textes.

À quelles formalités est-on confronté quand on arrive en Côte d'Ivoire ? Que doit faire le capitaine du navire à son arrivée au port, ou le voyageur arrivant à l'aéroport ? Quelles sont les franchises auxquelles les voyageurs ont droit ? Comment les marchandises sont-elles dédouanées ? Voici autant de questions qui posent l'intérêt d'une bonne connaissance de la procédure de dédouanement. Le principe est que toute marchandise importée ou à exporter doit être soumise à des formalités dont la finalité est de leur assigner un régime douanier. En règle générale, une déclaration écrite ou verbale (pour les voyageurs n'ayant rien à déclarer) est faite. Mais les conditions d'établissement de la déclaration écrite, les personnes habilitées et les étapes à suivre ne sont pas toujours bien connues des usagers. Les TIC offrent aux douanes l'opportunité de mettre, à moindre coût, ces informations à la disposition des usagers.

La communication de ces informations est d'autant plus importante qu'elle pourrait éclairer les usagers, trop souvent victimes de ceux qui, dans le milieu, sont appelés transitaires, et aussi mettre la douane à l'abri de certaines accusations gratuites. Ce faisant, l'on rendrait service à ces nombreuses personnes qui se font gruger à l'occasion de leurs opérations d'importation « au nom de la douane », ou paient plus que de raison « à cause de la douane » qui serait chère. De telles dérives sont légion.

En 2004, j'étais le chef du Bureau de suivi des marchandises sans déclaration, un service chargé du suivi des marchandises depuis leur débarquement jusqu'à leur déclaration en détail. Ce service suit également les marchandises mises sous surveillance (mise en dépôt) parce qu'elles n'ont pas été déclarées dans les délais légaux. Cette mise en dépôt peut conduire à la vente aux enchères publiques desdites marchandises, lorsqu'elles totalisent quatre-vingt-dix jours de présence en dépôt douane.

Un jour, je reçois un coup de fil d'un jeune frère rentré d'Algérie qui voulait obtenir une entrevue pour le compte d'un diplomate, également rentré d'Algérie. Ce dernier, que je reçois, m'explique que depuis plus de deux semaines, son transitaire courait après un inspecteur des douanes qui ne finissait pas de lui donner des rendez-vous qu'il n'honorait jamais, pour la visite de son conteneur d'effets personnels liés à son déménagement. Sa situation était d'autant plus préoccupante qu'il avait toutes ses affaires, y compris celles de son nouveau-né, dans ce conteneur dont le dédouanement s'éternisait par la désinvolture de cet inspecteur qui semblait briller par son manque de conscience professionnelle.

Avant toute action, je demande à consulter la déclaration de douane afin de mieux comprendre la peine du diplomate. Il ne l'avait pas. Qu'à cela ne tienne, je lui demande de me présenter le connaissement que je vérifie dans le système informatique. Je découvre alors qu'il n'existe pas de déclaration de douane liée audit connaissement. Aucune procédure douanière n'avait donc été engagée par ce « transitaire ». Alors, s'il n'existait pas de déclaration parce qu'elle n'avait pas encore été établie, il ne pouvait se trouver de déclaration entre les mains d'un inspecteur, qui lui-même ne pouvait prescrire de visite sur la base d'un dossier qui n'existait pas. Et pourtant, le fameux transitaire avait réussi à convaincre son client du contraire alors que la ligne du manifeste était en dépôt douane, donc inaccessible.

Le délai de vingt et un jours écoulé, le connaissement avait été automatiquement mis en dépôt douane. La suite de la procédure recommandait, dans un premier temps, une démarche auprès de l'Administration des douanes pour le déblocage de la ligne après acquittement des frais de dépôt. Le déblocage de la ligne permet d'élaborer la déclaration en détail, puis de la déposer en douane afin qu'elle soit attribuée à un vérificateur. Une fois la déclaration reçue, le vérificateur l'analyse et prescrit éventuellement un contrôle physique des marchandises. C'est à cette étape qu'un rendez-vous est pris avec l'usager ou son représentant en vue du contrôle physique de son envoi.

Tel qu'il se présentait, le dossier du diplomate était très loin de cette étape et pourtant, depuis plus de deux semaines, disait-il, son agent lui faisait croire que tout avait été fait dans les règles et que le retard dans la sortie du conteneur était imputable à l'inspecteur des douanes. Comme elle a le dos large, la douane ! C'est pourquoi il lui faut communiquer. Car une information disponible, transparente et prévisible, en plus de préserver la douane de fausses accusations, est un facteur important dans le processus de décision qui peut conduire des investisseurs à opter pour une destination plutôt qu'une autre.

La publication et la disponibilité des renseignements sur Internet figurent au nombre des premières mesures de l'accord de l'OMC sur la facilitation des échanges (AFE). Le paiement électronique ou le Guichet unique qui figurent dans cet accord ne peuvent s'appliquer sans les technologies numériques.

Indépendamment de la procédure, les TIC permettent une meilleure vulgarisation des statistiques du commerce extérieur. En effet, l'une des missions assignées à la douane consiste en la collecte et la diffusion des statistiques du commerce extérieur. Très importantes dans l'élaboration des stratégies commerciales, ces statistiques permettent d'avoir une lisibilité sur les volumes importés ou exportés, par type de marchandises et par pays d'exportation ou d'importation, ainsi que les contre-valeurs transférées. Elles sont aussi un outil d'aide au dédouanement, car elles établissent des rapports entre les volumes importés et les valeurs déclarées sur des périodes déterminées, analysent l'historique des coûts des marchandises par années, les variations intervenues d'une année à l'autre, d'un fournisseur à l'autre ou au niveau d'un même fournisseur.

Dans l'optique d'une quête de la simplification et de la célérité des opérations, le télédédouanement s'offre comme une voie à explorer. Pouvant se définir comme l'accomplissement à distance des formalités douanières relatives à une importation ou une exportation, le télédédouanement devrait offrir des possibilités de dédouanement depuis n'importe quel point du globe. Avec cette procédure, la possibilité pourrait être donnée à un opérateur économique vivant à l'étranger ou à l'intérieur du pays de dédouaner sa marchandise arrivée au port ou à l'aéroport depuis son lieu de résidence. Et pour les déclarations n'ayant pas été sélectionnées pour un contrôle physique, celles qui sont éligibles au circuit vert, les concernés pourraient disposer de leurs marchandises même en dehors des heures et des jours d'ouverture des bureaux.

Il est à noter qu'il existe en France une télé-procédure, accessible tous les jours de la semaine et même en dehors des heures de travail, et qui permet la transmission des documents à la douane depuis son domicile et d'obtenir son « bon à enlever ».

Pour la mise en œuvre d'une telle procédure qui ne devrait plus relever de l'utopie dans la mesure où le SYDAM permet l'attachement des pièces, des opérateurs pilotes pourraient être identifiés dans un premier temps, et des seuils de valeur définis. Avec l'option du paiement électronique à l'étude et l'examen avant l'arrivée des marchandises pratiqué par certaines administrations, les réflexions pourraient s'accélérer.

La technologie de l'Internet, avec notamment les sites dont se dotent les entreprises, est un atout dont les services douaniers tirent le plus grand avantage. Car, par-delà la consultation de la valeur des marchandises qu'elle favorise, elle permet une meilleure connaissance de la nature et de l'origine des produits présentés au dédouanement. À cette fin, une visite du site internet d'un fournisseur ou d'un industriel offre l'occasion aux vérificateurs de mieux identifier la gamme de produits dont il dispose, et conséquemment, ceux qu'il ne fournit pas. Si, en plus, ce dernier affiche ses prix, les contrôles n'en seront que plus facilités. Il revient aux décideurs douaniers de saisir cette opportunité et de prendre les abonnements nécessaires à la consultation des sites payants.

Lorsque les Administrations des douanes évoquent la question d'abonnement à des sites de consultation de valeurs, les pouvoirs publics sont rarement enthousiastes. À peine s'ils n'estiment pas que c'est faire preuve de paresse ou d'incapacité que de réclamer ces abonnements. Or, les sociétés d'inspection avec lesquelles les États contractent à coups de milliards de nos francs s'appuient essentiellement sur ces sites, pour leurs analyses. En mettant à la disposition de la douane une partie des faramineuses sommes en jeu dans ces contrats, on améliorerait les compétences de la douane tout en permettant aux opérateurs économiques de réaliser de substantielles économies. Les expériences de l'État ivoirien avec certaines sociétés d'inspection qui se sont achevées sans que la douane dispose de leurs bases de données, notamment en matière d'évaluation, devraient interpeller les décideurs. Ces sociétés passent mais les administrations douanières des pays demeurent. Il importe donc, au-delà des intérêts qui peuvent être attachés à ces contrats, de privilégier la professionnalisation des administrations douanières nationales.

Les opportunités offertes par les TIC peuvent s'étendre à la gestion de l'image de l'administration, une administration vilipendée par les usagers et à la réputation ternie par les actes de certains de ses animateurs. Les récriminations des usagers résultent, *grosso modo*, d'une mauvaise connaissance des procédures ou de la lenteur dans la procédure du fait d'un agent. À ces plaintes, il faut donner des explications. Rassurer les usagers et leur faire comprendre que leurs préoccupations ont été bien perçues et prises en charge. Concernant les agents fautifs, les responsables douaniers ne devraient pas hésiter à communiquer sur les sanctions encourues par ceux-ci. Les TIC offrent, à cet égard, un éventail de choix. Une utilisation optimale des TIC par la douane aura une incidence positive sur l'exécution du service.

Confirmant le monde dans son appellation de village planétaire en favorisant le rapprochement des peuples, les TIC rapprochent aussi, malheureusement, les composantes des sociétés en rupture avec la loi. En niant les frontières, les Technologies de l'information et de la communication généralisent les équations. Elles contraignent les administrations à unir leurs efforts afin de venir à bout des sociétés criminelles dont les ramifications s'étendent dans plusieurs pays. Aussi, ont-elles recours à l'assistance administrative mutuelle et à l'harmonisation des connaissances que les TIC facilitent.

L'assistance administrative mutuelle s'entend par la coopération qu'entretiennent des administrations étrangères entre elles. Au niveau douanier, elle est régie par la Convention de Nairobi qui en fixe les principes et le fonctionnement. Cette assistance consiste en un échange de documents, d'informations dont l'intérêt, pour la partie requérante, est fondamental dans sa lutte contre la fraude.

Ces échanges, qui s'effectuaient par fax, envois postaux, échanges téléphoniques ou contacts directs à l'occasion de missions organisées expressément, peuvent aujourd'hui se faire par courrier électronique ou grâce à la visioconférence. Ce qui constitue un apport de poids. En effet, si les contacts téléphoniques et les missions, à la différence des envois postaux, sont très efficaces, il n'en demeure pas moins qu'ils présentent des limites. Seuls les messages sonores peuvent être transmis par le téléphone alors que l'on peut avoir à communiquer, en plus du son, des documents écrits, des images. Personne n'imagine de nos jours des déplacements d'émissaires pour la collecte d'informations dans un pays donné. Et pourtant, des administrations y avaient recours avant l'avènement des TIC. Elles faisaient ainsi face à des frais de transport et de séjour, sans compter les préjudices causés par l'absence des émissaires de leurs services. Toutes ces difficultés ont trouvé solution avec les TIC qui favorisent la transmission et la réception instantanées d'informations numérisées sous forme sonore, audiovisuelle ou de fichiers. Les applications des réseaux sociaux sont à cet égard très utiles. Elles permettent par ailleurs la création de communautés virtuelles ou de groupes thématiques professionnels. Certaines administrations s'en servent avec succès et possèdent des comptes Instagram, Twitter, Facebook, WhatsApp ou Viber. Pour la plupart gratuits, ces réseaux ne garantissent pas la sécurité au-delà de celle qu'ils offrent. Il importe de l'avoir toujours à l'esprit et de penser à certifier ses comptes auprès des gestionnaires de ces applications.

La dématérialisation, l'interconnexion des systèmes, la technologie de la chaîne de blocs, les systèmes intelligents, le *cloud computing* (informatique en nuage), le développement des guichets uniques, l'intelligence artificielle et le paiement électronique sont des résultantes des nouvelles technologies qui ont un impact irréversible sur le métier de douanier. Il en va de même de la possibilité de disposer de données relatives au fret ou aux passagers préalablement à l'arrivée de la marchandise ou des voyageurs. L'utilisation de ces technologies dans l'environnement du dédouanement des véhicules automobiles mettrait la douane à l'abri des faux procès.

En 1998, il a été signé une convention de concession entre l'État de Côte d'Ivoire et une société de droit ivoirien, chargée de la conception, du financement, de la construction, de l'exploitation, de la coordination et de l'harmonisation du Guichet unique automobile. Sur le site de ce Guichet unique qui n'existe que de nom, se trouvent plusieurs intervenants dont les systèmes ne sont pas interconnectés. Une situation qui engendre des lenteurs et de nombreuses frustrations de la part des usagers qui imputent injustement toutes leurs infortunes à la douane. Et pourtant, un simple recours aux Technologies de l'information et de la communication résoudrait durablement les nombreux problèmes de lenteur et de fraude observés.

Comme il apparaît, le nouvel environnement douanier est fortement marqué par les TIC autour desquelles des stratégies novatrices peuvent être bâties en prenant soin, toutefois, de ne pas perdre de vue que les fraudeurs ont toujours une longueur d'avance sur les services chargés de contrôle et de répression. Nul doute qu'ils ont une maîtrise parfaite de ces technologies nouvelles qu'ils utilisent ou contrôlent déjà. La part du Web accessible serait très insignifiante au regard de l'étendue de la Toile (Deep Web, Darknet).

La globalisation du monde appelle de la part des États, et singulièrement des douanes, une harmonisation des méthodes de travail et un partage d'expériences en matière de criminalité transfrontalière. L'avènement des technologies numériques donne l'occasion aux États de contrer les fraudeurs par un échange rapide d'informations. Cette opportunité est à saisir, surtout dans le cadre de la lutte contre le trafic des stupéfiants et la contrefaçon, domaines dans lesquels excellent certaines administrations douanières de pays développés. Comment parviennent-elles à reconnaître des objets de contrefaçon, lorsque le produit contrefaisant est en apparence d'une finition supérieure à l'original ? Comment organisent-elles le ciblage des trafiquants ? Comment découvrent-elles la drogue dans des cachettes les plus insoupçonnées ? Comment démantèlent-elles les réseaux de blanchiment d'argent ?

Ce sont autant d'avancées et d'opportunités qui pourraient retenir l'attention des douanes ivoiriennes. Mais comment y parvenir efficacement ? Les rencontres professionnelles internationales peuvent aider à ce partage de connaissances. Mais force est de reconnaître qu'aucune administration ne peut envoyer ses agents en formation dans tous les pays du monde. En plus, les stages sont coûteux, à cause des dépenses de transport et d'hébergement qu'ils engendrent. C'est en cela que l'existence des TIC est utile, puisque donnant accès à une communication à moindre coût avec le monde entier et à la formation à distance (E-learning).

La viabilité d'une telle entreprise impose à la douane d'épouser le champ de ses attributions, elle qui n'accorde de l'importance qu'aux activités génératrices de recettes. La résultante de cette démarche réductrice est qu'actuellement, la lutte contre le trafic des stupéfiants est très timide, et celle contre les atteintes aux droits de propriété intellectuelle (DPI) et les flux financiers illicites quasi inexistante. Ne privilégiant que les recettes, les articles contrefaisants passent facilement à travers les mailles du filet alors que leurs conséquences sur l'économie et les ménages sont désastreuses. Les technologies émergentes pourraient permettre des contrôles efficaces de ces produits, pour peu que les propriétaires des marques acceptent de s'investir davantage. L'on avait pensé qu'imprimer des codes QR ou des codes-barres sur les produits faciliterait leur identification au moyen de smartphones. Malheureusement, les faussaires accompagnent leurs activités criminelles de faux sites internet vers lesquels sont dirigées les vérifications. Des actions fortes sont à mener aussi bien par l'Organisation mondiale du commerce que par les industriels en vue de trouver une solution efficace au contrôle douanier des produits qui enfreignent les droits de propriété intellectuelle. Des solutions innovantes basées sur les technologies numériques existent. De lourds investissements seraient peut-être nécessaires, mais les nombreuses retombées valent ces sacrifices financiers.

En somme, les Technologies numériques sont de puissants outils d'aide au dédouanement des marchandises, à la gestion efficace des services et au partage de l'information. Plus qu'une opportunité, elles sont une nécessité. Mais ces dernières demeurent fragiles, parce que la société ivoirienne elle-même ne semble guère inciter à la transcendance. Bien au contraire, elle offre parfois l'image désolante d'un ensemble insouciant, sans repères ni valeurs, qui prend plaisir à niveler par le bas. C'est l'une des premières menaces de la douane, dont le personnel est issu de ce moule. Une autre menace, d'ordre technique, réside dans les nombreux régimes douaniers dont les uns, plus attractifs que les autres, constituent des niches pour les fraudeurs. Il s'agit notamment des régimes suspensifs qui favorisent les déversements frauduleux, préjudiciables au Trésor public et à l'économie. Au niveau des ressources humaines, le dévoiement des concours spéciaux, devenus la voie de promotion privilégiée des agents, est une source de préoccupations. Très peu portés sur la formation, les agents des douanes préfèrent la promotion à l'emploi supérieur par le canal des concours spéciaux à la voie de l'École nationale d'administration. Ces concours, organisés par le ministère de la Fonction publique conformément au décret n° 94-412 du 3 août 1994 relatif aux concours professionnels spéciaux réservés à certains fonctionnaires, sont destinés à ceux qui en remplissent les conditions. L'objectif est de favoriser la promotion des agents dont l'âge ne permet pas la candidature aux concours professionnels d'accès à l'École nationale d'administration (ENA). Malheureusement, de plus en plus d'agents remplissant les conditions de l'ENA sont autorisés à se présenter à ces concours. Ainsi, des candidats malheureux au concours d'accès à l'ENA prennent une sorte de revanche sur les autres. En effet, contrairement aux candidats admis à l'ENA qui bénéficient d'une formation de longue durée[53] dans ladite école, les candidats admis aux concours professionnels spéciaux ne bénéficient d'aucune formation. Ils intègrent ainsi des emplois supérieurs, sans formation adéquate. Et à la fin de leur formation, ceux qui avaient réussi leur entrée à l'ENA se retrouvent sous les ordres de ceux qui avaient échoué, du fait des nominations dont ils ont bénéficié dans l'intervalle et de leur ancienneté subséquente. La gouvernance des concours spéciaux, par l'impact négatif qu'elle a sur la qualité des ressources humaines, est néfaste à la bonne marche et à la viabilité de l'administration. Elle pose un problème d'éthique grave qu'il importe de corriger.

---

[53] La durée de la formation a été portée à 30, 24 et 20 mois, respectivement pour les cycles supérieur, moyen-supérieur et moyen, par le décret n° 2016-1155 portant attributions, organisation et fonctionnement de l'École nationale d'administration, en abrégé ENA.

Si cette situation pourrait paraître sans conséquence pour certaines administrations, il en va autrement de la douane et des concernés eux-mêmes, en raison du caractère technique de cette administration. Cette dernière se retrouve avec de nombreux cadres ayant accédé à des emplois supérieurs et dont le faible niveau de connaissance technique en limite les possibilités d'emploi. Il est vrai que, conformément à l'article 3, alinéa 5 du décret sus-indiqué, la formation doit être préalable au recrutement et que « le programme des cycles de formation ainsi que le contenu des enseignements sont fixés par arrêté du ministre chargé de la Fonction publique en accord avec le ministre de tutelle[54]. » Ces dispositions, qui ne sont pas observées, constituent une source de motivation pour une bonne partie du personnel que les années de formation à l'ENA rebutent. En plus de la formation préalable, les conditions d'âge et les conditions d'ancienneté dans l'emploi ne sont pas respectées. Quant aux nombreux agents qui gravissent les échelons administratifs par ce canal, malgré les promotions dont ils bénéficient, ils se savent limités.

L'absence de formation ou la mauvaise formation sont aussi à relever dans la catégorie des agents d'encadrement. Les effectifs de ce personnel représentent près de 75 % de l'effectif global. Recrutée au niveau du BEPC, cette catégorie d'agents regorge de personnes en constant conflit avec la discipline, d'un très faible niveau scolaire de base et avec de très faibles connaissances professionnelles. Lorsque ces derniers, par concours professionnels spéciaux, atteindront les grades supérieurs dans les années à venir, il y a à craindre pour la viabilité de l'Administration des douanes.

---

[54] Article 6 décret n° 94-412 du 3 août 1994 relatif aux concours professionnels spéciaux réservés à certains fonctionnaires.

En outre, la politique du « tout recette », qui a conduit à un abandon des missions de surveillance et à la disparition de certaines compétences basiques, n'est pas sans dommage sur le métier de douanier. De plus, l'archaïsme du Code des douanes, document datant de 1964 et qui n'a connu aucune révision en dehors de quelques textes réglementaires, fragilise la douane. La pratique est par endroits en total déphasage avec les textes. À la vérité, la douane souffre de l'absence de procédures formalisées dans ses différents compartiments, conduisant à une méconnaissance de celles-ci par la majorité des agents.

Il est à noter que l'engagement des collaborateurs ou leur manque de sincérité est une préoccupation dont devra tenir compte le manager dans sa gestion des hommes. Les agents évitent d'exprimer leur opinion aux réunions. Ils écoutent, interviennent pour certains sur quelques banalités et ressortent. Les contributions ne sont intéressantes que lorsque les intérêts immédiats des concernés sont en question. Dans ces conditions, le manager ne peut tirer profit des avantages de la contradiction. J'ai connu cette attitude alors que j'étais en poste à Noé, à la fin des années 1990. Une situation qui n'est malheureusement pas isolée. Même le comité de direction semble fonctionner suivant ce principe. Des responsables évitent de s'exprimer sur des questions essentielles.

J'ai ressenti un jour une véritable consternation à la fin d'une des réunions du comité de direction, où j'avais défendu une idée qui semblait contraire à celle du directeur général. Personne dans la salle ne semblait intéressé par la question, pourtant très importante. À la fin de la réunion, alors que j'attendais un collègue dans le hall, un ancien, de plusieurs années mon prédécesseur en douane et au comité de direction, est venu à moi et m'a félicité pour ma position qu'il jugeait courageuse. Il développa ses idées et conclut que la position du directeur général était inacceptable. J'eus mal au cœur. Ne pouvait-il pas partager ses réserves avec le directeur général ? En douane, c'est triste à dire, le manager est seul. Ce qui est handicapant.

Sur un plan global, la transition fiscale, définie comme le transfert progressif de la pression de la fiscalité de porte vers la fiscalité intérieure, ne sera pas sans conséquence pour les services douaniers. Elle semble être le cheval de Troie d'un désarmement tarifaire. L'UEMOA a adopté depuis 2006 un programme de transition fiscale[55] et la CEDEAO mettra incessamment le sien en œuvre.

La fusion entre Administration des douanes et Administration des impôts, prônée par certaines institutions internationales et en application dans d'autres pays, pourrait sonner le glas de l'administration douanière dans son organisation et son fonctionnement actuels. En effet, le sentiment qui se dégage lorsque l'on est douanier, c'est le manque d'intérêt des pouvoirs publics pour cette administration. En dehors des recettes attendues, très peu d'efforts sont faits pour la douane. À l'analyse, celle-ci semble ne pas retenir l'attention des décideurs. De la douane, ils attendent qu'elle fasse plus avec très peu de moyens, dans un environnement de forte croissance des échanges. À cet égard, la situation des douanes françaises est révélatrice, à en juger par cet article de presse[56]. Il y est dénoncé « de moins en moins de moyens pour les douaniers », « la vitesse du dédouanement prioritaire par rapport aux contrôles ». Certains services fonctionnent avec quatre agents alors qu'ils avaient auparavant un effectif de vingt. On y apprend qu'en vingt ans, les

---

[55] Décision n° 10/2006/CM/UEMOA portant adoption du programme de transition fiscale au sein de l'UEMOA.

[56] REUTERS, « Le blues des douaniers français dans une Europe passoire », 21 octobre 2013, https://lexpansion.lexpress.fr/

effectifs douaniers ont été réduits de 25 %. Et rien n'indique que la situation préoccupe les décideurs. « La priorité n'est plus de contrôler systématiquement des navires en zone côtière, mais de se concentrer sur les fraudes les plus importantes », prête-t-on au ministre des Finances, dans une annexe au projet de budget 2014. « Les douanes sont écartelées entre l'affaissement de leurs moyens, l'explosion des échanges et des trafics en tout genre et la consigne qui leur est donnée de faciliter la vie des entreprises et de ne pas nuire à leur compétitivité. » Ce constat pourrait être fait des douanes ivoiriennes. Cette démarche de réduction des contrôles douaniers et de la présence de la douane aux frontières est soutenue par de puissants groupes d'intérêts qui n'éprouvent aucune peine à les faire adopter par les États. Ceci n'est pas la moindre des menaces qui pèsent sur la douane.

Au niveau technologique, le développement de l'impression en 3D, par la possibilité qu'elle offre d'importer des biens tangibles sans traversée physique des frontières, fait partie des défis à relever. À cela s'ajoute le commerce électronique transfrontalier qui inonde les services de marchandises de petite taille avec ou sans grande valeur dans un contexte de réduction des effectifs.

4.2 Les mesures pour une optimisation des performances douanières

L'activité douanière couvre un très vaste champ. Certains paraissent plus « attrayants » que les autres, du point de vue de l'importateur. En dehors du régime de droit commun, qui nécessite l'acquittement des droits et taxes avant l'enlèvement de la marchandise, les autres régimes permettent plus ou moins cet enlèvement sans paiement de droits. C'est donc à ces régimes, principaux facteurs de risques, que le responsable douanier devra particulièrement s'intéresser, les sécuriser après avoir maîtrisé les facteurs environnementaux et humains.

Dans cette démarche, le manager douanier doit s'assurer une parfaite maîtrise de l'assiette, constituée de l'ensemble des exportations et importations imposables.

À l'exportation, la taxation étant généralement spécifique, l'attention de l'administration sera portée sur la nature et la quantité des produits déclarés. Les glissements tarifaires ou les fausses déclarations de poids sont les principales méthodes de fraude. Celles-ci consistent, pour le fraudeur, à déclarer, à titre d'exemple, du gingembre, produit soumis à aucune taxation, en lieu et place de fèves de cacao pour lesquelles un droit unique de sortie (DUS) est perçu, ou à minorer le poids de la marchandise.

Une bonne connaissance des produits, des habitudes d'exportation des opérateurs économiques, des habitudes d'achat de leurs clients de même qu'une parfaite maîtrise du tarif et de la réglementation douanière permettent de juguler la fraude à ce niveau.

En ce qui concerne les quantités, une mauvaise appréciation de celles-ci conduit à un manque à gagner fiscal. Les quantités s'exprimant en poids, il s'agit pour l'administration de maîtriser cette variable à l'exportation. Or sur la question, de considérables efforts sont à faire. Les informations ci-après, consultées sur un site internet[57], témoignent de l'ampleur des efforts à fournir : « La Côte d'Ivoire est le premier exportateur mondial de cacao, mais elle ne sait pas combien elle exporte. Depuis la mort d'Houphouët-Boigny et l'annonce d'une libéralisation en trompe-l'œil, des milliers de tonnes quittent Abidjan et San Pedro en vrac. Les poids réels ne sont connus qu'aux ports d'arrivée. Quelle aubaine pour les acheteurs ! Mais

---

[57] http://www.lesafriques.com/actualite/le-gros-scandale-du-cacao-ivoirien.html?Itemid=89, 11 janvier 2010.

quel drame financier pour le pays, qui accuserait un manque à gagner de 200 à 300 milliards de FCFA […] »

La même étude révèle[58] : « Avec une part de 40 % de la production mondiale de cacao, la Côte d'Ivoire, après cinquante ans d'indépendance, ne sait toujours pas, aujourd'hui, combien de tonnes de ce produit précieux quittent ses plateformes portuaires. Les récoltes sont acheminées dans des sacs ou en vrac à partir de San Pedro et d'Abidjan en "poids théoriques". Elles ne sont réellement évaluées qu'une fois à l'arrivée, dans les ports occidentaux. Là, les quantités sont pesées avec minutie sur de simples bascules munies d'enregistreurs électroniques. Selon nos informations, les écarts de poids entre le départ et l'arrivée sont considérables et la marge immédiate.

Selon les recoupements, les rapports et les observations des spécialistes du secteur, le pays de l'éléphant perdrait en moyenne entre 10 et 15 kilos par sac, soit 200 à 300 milliards FCFA de manque à gagner chaque année. »

Sans aller dans le fond de l'article, celui-ci est suffisant pour illustrer les risques liés à une mauvaise appréciation des poids déclarés à l'exportation. La maîtrise des données à l'exportation ne nécessitant pas d'ingénierie particulière, un scannage et un pesage des cargaisons à risque devraient suffire à endiguer la fraude. Parallèlement à ces mesures, les frontières devront être sécurisées pour éviter la fuite des produits soumis au paiement d'un droit de sortie vers les pays voisins. Les agents aux principaux points de sortie devront redoubler de vigilance pour arrêter l'hémorragie constatée à l'occasion des campagnes de cacao et de cajou. Mais tous ces efforts seront vains si les prix payés aux producteurs continuent d'être inférieurs à ceux pratiqués dans les pays voisins. En payant aux producteurs ivoiriens

[58] http://www.lesafriques.com/actualite/cacao-episode-i-un-gros-producteur-qui-exporte-des-poids-theor.html?Itemid=89?article=21266, 11 janvier 2010.

des prix attractifs, ils n'éprouveront pas le besoin de vendre leur production ailleurs qu'en Côte d'Ivoire. La difficulté majeure pour la douane réside donc dans l'importation.

Les pays en développement dépendant pour l'essentiel de l'extérieur pour les biens d'équipement et de consommation, les volumes d'importation y sont très importants. Le manager douanier sera alors confronté à une série de défis qui peuvent être organisés en huit axes d'action qu'il devra inscrire dans une vision claire. Il doit en outre cultiver pour son administration un système de valeurs partagé par tous.

Le premier de ces huit défis est de se doter d'un système informatique alliant fiabilité, performances, souplesse et sécurité. Le système doit être fiable pour éviter toutes attaques ou manipulations malveillantes. Cette fiabilité suppose également qu'il fonctionne correctement, sans pannes intempestives. En outre, ce système doit être performant pour pouvoir traiter avec célérité des quantités importantes d'informations. La performance du système doit prendre aussi en compte sa capacité à être facilement déployé. Quant à la souplesse, elle rend compte de sa capacité à autoriser des requêtes de diverse nature sans en perturber le fonctionnement. Enfin, parce qu'il sécurise les procédures par la réduction de l'intervention humaine (réduction de la marge de manœuvre des agents indélicats), l'usage de l'outil informatique peut, dans certains cas, mettre le manager à l'abri de pressions visant à interférer sur ses actions. Informatiser toutes les activités qui peuvent l'être doit être inscrit au nombre de ses priorités. Des précautions sont toutefois à prendre. L'informatique n'est pas le cœur du métier des douanes. Elle est un outil dont se servent les douanes qui en ont une connaissance toute relative. Bien souvent, la gestion des systèmes d'information est confiée à un personnel non douanier. Qu'ils soient gérés par des personnels douaniers ou non douaniers, les systèmes informatiques ne sont pas à l'abri de manipulations. Généralement, c'est l'omerta sur la question. Lorsque des responsables ne cautionnent pas les manipulations qui, de toute façon, ne peuvent être facilement décelées par le top management, ils se taisent sur les fraudes et dysfonctionnements dont ils ont connaissance, de peur de mettre à nu leur propre insuffisance. Il faudra donc se donner les moyens d'un contrôle régulier des systèmes informatiques. À cette fin, la mise en place d'un comité d'experts indépendants serait nécessaire. Par son existence et son mandat fort qui lui permettrait d'auditer à tout moment le système informatique de l'administration, ce comité agirait comme une sorte d'épouvantail qui renforcerait l'éthique des personnels qui animent les systèmes d'information. Cette idée mérite d'être analysée avec attention, car de gros enjeux se cachent derrière les fraudes dont les solutions généralement adoptées pour les combattre consistent à remédier au dysfonctionnement observé. Il faut anticiper, être proactif. À l'écriture des procédures, il faut ajouter la sécurité de celles-ci. L'outil informatique apparaît comme l'indispensable compagnon. Il doit être utilisé autant que les développements le permettent, pour réduire l'action humaine.

Outre la sécurité de la procédure, cet outil permet d'assurer la célérité des opérations. Les opérateurs économiques ont besoin de disposer de leurs marchandises dans des délais très courts. La douane a l'obligation de leur fournir ce niveau de prestation. L'outil informatique et les technologies numériques sont, à cet égard, une aubaine à la portée du manager douanier. Ils doivent être utilisés pour améliorer le fonctionnement des services et les prestations fournies.

Le deuxième défi pour le responsable douanier est la maîtrise des quantités débarquées. De celles-ci, il doit identifier les marchandises destinées au territoire national, celles qui sont en transit et celles qui sont en transbordement. Dans cette perspective, il doit s'assurer de la prise en charge effective dans le système informatique de l'ensemble des marchandises qui débarquent. Aucune justification ou aucun obstacle ne devraient expliquer une prise en charge approximative. Le manager douanier doit se donner tous les moyens de parvenir à un contrôle efficace des débarquements. À défaut de parvenir à sensibiliser les agents sur l'importance de cet enjeu, il ne devra pas hésiter à recourir à l'externalisation. Ce point est fondamental. S'il ne parvient pas à une réelle maîtrise des quantités débarquées, toute autre politique sera vaine.

La maîtrise de la prise en charge va de pair avec celle de la gestion des cargaisons enregistrées dans le système. À cette fin, les services doivent non seulement veiller au débarquement effectif de toute marchandise destinée au pays, mais aussi s'assurer de l'enregistrement informatisé de l'ensemble des envois débarqués. Ainsi, à tout moment et sur simple requête, la situation de chaque marchandise doit pouvoir être connue : celles qui ont fait l'objet de dédouanement, celles qui sont en train d'être dédouanées et celles qui sont en attente de dédouanement. Pour chacune, les délais de présence sous douane doivent pouvoir être facilement obtenus. Le système devrait pouvoir générer automatiquement les listes de marchandises en dépôt et celles à porter sur la liste des ventes aux enchères publiques.

Ce suivi a permis de déceler, au début des années 2000, une importante fraude portant sur plusieurs conteneurs abandonnés en dépôt douane et dont les contenus avaient été vidés ou substitués par de très faibles quantités d'articles de ménage. Les plombs, différents dans la forme de ceux habituellement utilisés par l'armateur, arboraient des numéros conformes à ceux manifestés. Cette affaire, qui alimenta l'actualité à l'époque des faits, avait conduit l'Administration des douanes à verbaliser l'aconier qui avait la garde de la marchandise. L'affaire se termina par le paiement des droits et une forte amende transactionnelle. Mais cette affaire n'ayant pas livré tous ses secrets, les services douaniers doivent accroître leur vigilance lorsque des conteneurs entrent en dépôt douane.

En effet, l'Administration des douanes a, certes, pu recouvrer une bonne partie des droits et taxes, mais le mystère demeure, notamment celui de la chaîne de complicités. Comment un tel nombre de conteneurs avait-il pu être vidé de son contenu sans que l'on s'en aperçoive ? À quel moment les dépotages et les sorties de marchandises avaient-ils eu lieu ? Comment le ballet des camions vers les magasins des importateurs s'est-il opéré sans éveiller le moindre soupçon des personnels commis à la garde de ces marchandises ? Quant à la question des plombs, elle a, depuis, révélé ses secrets. Des plombs neufs, sans inscription, sont détenus par des faussaires qui y gravent des numéros à la demande. Les conteneurs en transbordement de longue durée devraient également être mieux surveillés, car certains d'entre eux ne sont que des envois abandonnés à la suite d'exportations fictives.

Le mystère des conteneurs vides ou vidés n'étant pas élucidé, il n'est pas exclu que ce type d'activité frauduleuse continue de prospérer. Ce risque pourrait cependant être amoindri avec un bon encadrement des personnels chargés des opérations de surveillance. Le choix des responsables opérationnels et la formation de ceux-ci à une meilleure connaissance et une exécution parfaite de leur mission doivent retenir la plus haute attention. Le contrôle rigoureux des sorties de la zone sous douane doit être renforcé avec l'installation de caméras de vidéosurveillance. Ce dispositif permet d'avoir un second niveau de contrôle à partir de sites soigneusement choisis et animés par des agents reconnus pour leur éthique professionnelle et leur rigueur au travail. Ces derniers devraient pouvoir interagir avec le personnel de terrain. La mise en œuvre du dispositif peut varier. Il peut être couplé avec l'utilisation de drones dont les fréquents survols des zones sous douane dissuaderaient les agents indélicats. Au regard du niveau de civisme fiscal des populations et des enjeux fiscaux et économiques, l'absence de telles mesures ne saurait s'expliquer longtemps.

Des plombs neufs sur lesquels les opérateurs peuvent inscrire les numéros de leur choix étant détenus par des importateurs, il conviendrait également de réfléchir à une méthode de contrôle des scellés à la sortie des conteneurs des terminaux. Les agents pourraient être dotés d'équipements légers permettant de photographier les plombs des conteneurs soumis à une inspection à domicile en vue de renseigner une base de données à créer et à tenir à la disposition des vérificateurs. Cette solution permettrait de lutter contre les manipulations de conteneurs avant les visites du service à domicile. Elle permettrait également de lever certaines suspicions sur les vérificateurs, dont les résultats de visites à domicile ne donneraient jamais lieu à constatation d'infractions. Bien que des raisons suffisantes puissent amener à conclure que ces derniers ne rendent pas fidèlement compte des résultats de visites, il ne faudrait pas exclure les manipulations auxquelles se livrent des importateurs avant le rendez-vous avec la douane. Bien souvent, il se passe de nombreux jours entre la prescription de la visite à domicile (VAD) et la prise du rendez-vous, alors que le ou les conteneurs sont déjà livrés. Parfois, les livraisons sont volontairement programmées le soir, afin de disposer de la nuit pour les retraits des marchandises en excédent ou frauduleuses.

Cette fraude primaire ne devrait plus prospérer, en attendant la vulgarisation des scellés électroniques ou l'avènement annoncé de conteneurs intelligents.

Les quantités maîtrisées, le manager doit à présent s'attaquer au troisième défi : chercher à maîtriser, sur l'ensemble des marchandises débarquées, celles qui font effectivement l'objet de régimes suspensifs. En les soustrayant de la quantité totale des marchandises importées, il disposera de son assiette. C'est-à-dire l'ensemble de la marchandise destinée au pays et sur laquelle s'appliqueront les droits. C'est pourquoi il est impératif de s'assurer qu'aucune de ces marchandises ne soit abusivement déclarée dans l'un des régimes suivants, qu'il convient de maîtriser :

- les transbordements ;
- les réexportations ;
- le transit international ;
- les exonérations et franchises.

La maîtrise des marchandises en transbordement pour les pays disposant de façade maritime est importante. Bien souvent, sous le couvert de transbordement, des marchandises se sont retrouvées loin de la zone portuaire, dans des magasins. Ce fait, qui était assez courant, était en partie dû à une aberration, une sorte d'escroquerie appelée transbordement simplifié qui prévalait dans les ports ivoiriens.

Cette procédure avait été mise en place sous la pression des opérateurs économiques du secteur portuaire et au nom d'un impératif de célérité qui se justifiait difficilement. Elle consistait à autoriser le débarquement et l'entreposage temporaire au port d'importants lots de conteneurs sans documents douaniers ni prise en charge dans le système informatique de la douane. Ces conteneurs, qui n'étaient pas « tracés » dans le système et qui attendaient d'être enlevés par un autre navire pour leur destination réelle, demeuraient parfois au port pendant des mois, voire des années ! Pour un régime de célérité, il faut convenir qu'il y avait vraiment urgence ! Heureusement que la pratique est abandonnée, même si des nostalgiques veulent y trouver l'explication de leur contre-performance commerciale.

Tout comme le transbordement, le transit international et la réexportation sont source de fraude. Déclarées pour les pays voisins, les marchandises en transit ou celles faisant l'objet de réexportation sont appelées à traverser le territoire national. Abusant de ces régimes, des opérateurs peu scrupuleux ont pu mettre sur le marché d'importantes quantités de marchandises sans paiement des droits et taxes. Les fraudeurs s'arrangent toujours pour avoir les cachets justificatifs des sorties fictives des marchandises. Dans cette entreprise frauduleuse, les véhicules jouent un rôle très important. Ceux-ci simulent des pannes, pour ensuite déverser leurs chargements sur le marché intérieur. Le recours à la localisation géo-satellite (GPS) qui avait été présenté comme une solution, en ce qui concerne le transit international, a vite montré ses faiblesses, essentiellement dues aux insuffisances technologiques du dispositif fourni à la douane et au mauvais état des camions. En plus du dispositif qu'il importera d'améliorer, la certification des véhicules de transport sur la base de critères rigoureux (âge, état mécanique, conteneurisation) et l'agrément de transporteurs (opérateurs de transport agréés) pourrait être de nature à réduire la fraude. Cette vision se heurte à des réticences, notamment sur la question des véhicules, au motif que des critères plus rigoureux détourneraient les chargeurs étrangers des ports ivoiriens. Pour la sauvegarde des intérêts des ports ivoiriens, d'importantes recettes fiscales sont sacrifiées. Sont-elles compensées par les ressources générées par les ports ?

En tout état de cause, au regard de la persistance de la fraude sur le transit et la réexportation, une forte criminalisation des sanctions serait utile. Il s'agira, à chaque saisie, de faire mener des enquêtes approfondies par le procureur de la République et de traduire les auteurs, les vrais et leurs complices, devant les tribunaux.

Outre ces régimes, les exonérations et les franchises sont également à maîtriser, car elles sont des facteurs à risque. Elles constituent le quatrième défi. Comme l'indiquent les appellations, ces régimes permettent à l'importateur de disposer de sa marchandise sans acquitter les droits et taxes. Grande est dès lors la tentation de se faire passer pour bénéficiaire d'un de ces régimes. À ce niveau, la fraude concerne souvent des acteurs insoupçonnés. Des responsables d'organisations crédibles et des ONG, dont certaines disposent d'accords de siège, abusent de ce régime pour s'équiper en véhicules, en mobilier ou en matériaux de construction. Certaines représentations diplomatiques se laissent aussi tenter. Le cas de cette représentation diplomatique au parc automobile des plus réduits et dont la consommation de carburant atteignait annuellement des sommets, ou encore celui des importantes quantités de liqueurs importées pour le compte de cette autre représentation diplomatique dont le pays a officiellement l'alcool en horreur pour des convenances religieuses, sont révélateurs. L'origine des importantes quantités de liqueurs, vendues dans les quartiers situés dans le voisinage de l'aéroport, ne semble échapper à personne. Pour rappel, l'exonération est un « effacement » total ou partiel de droits dont l'administration juge de l'opportunité en réponse à une demande formulée par un usager. Elle est différente de la franchise, qui est un « effacement » total de droits qu'accordent les textes à certaines personnes en raison de leur qualité (personnel diplomatique, consulaire ou assimilé).

Après la détermination de l'assiette suite, il importe de maîtriser la valeur des marchandises. C'est le cinquième défi. Les minorations de valeur sont très fréquentes et impliquent bien souvent les fournisseurs. La tâche pour les services douaniers devient à ce niveau très rude. C'est pourquoi le manager des services douaniers mettra un point d'honneur à renforcer les capacités techniques de ses agents chargés de l'évaluation. L'apparition des nouvelles technologies rend un peu plus difficile le contrôle de la valeur avec les possibilités de dissimulation qu'elles offrent. Avec les moyens de paiement électroniques, une partie significative du prix effectivement payé pourrait échapper à la douane.

Avant l'avènement du paiement électronique, certains opérateurs économiques impliquaient des banques étrangères dans leur entreprise de fraude. Ces dernières réglaient au fournisseur une partie du coût de la marchandise. Ce règlement, naturellement, ne figurait pas sur la facture définitive. Certains parmi eux demandaient aux fournisseurs de porter sur la facture ce qu'ils appellent « valeur pour la douane ». C'est-à-dire une fausse valeur à présenter en douane. La vraie facture, celle qui couvre l'opération concernée, est, dans bien des cas, soustraite à la connaissance de la douane.

Aux enquêtes douanières où j'étais en service, il est arrivé à nos équipes de découvrir de nombreuses correspondances qui révélaient la complicité des fournisseurs dans les minorations dont certaines portaient sur près de 90 % de la valeur réelle. Ce fort taux de minoration s'observait au niveau des envois par voie aérienne et portait sur les articles de téléphonie, les composants électroniques et les pièces détachées. Avec les moyens de paiement électroniques et l'Internet, les traces des règlements sont plus subtiles. C'est pourquoi les services doivent être dotés d'outils efficaces de gestion des risques (logiciels) et user du renseignement pour collecter des informations sur les pratiques commerciales des fournisseurs significatifs et des importateurs.

Le sixième axe d'action consiste à simplifier les législations et les procédures. Par législation, il faut entendre les textes législatifs et réglementaires qui organisent l'activité douanière. Ces textes doivent d'abord exister en nombre suffisant. Ensuite, il s'agira de les vulgariser. Mais avant, il conviendra de s'assurer que ces textes sont bien rédigés, qu'ils se comprennent sans interprétation. Une telle précaution a pour avantage d'éviter aux opérateurs des pertes de temps et des erreurs, dont certaines peuvent leur être préjudiciables. De plus, une telle simplification ôterait aux agents toute matière à pression. Autrement dit, une procédure simplifiée éviterait que certains agents en tirent profit pour retarder les dossiers, ou pour monnayer leurs interventions. La simplification de la procédure s'entend donc de sa fluidité. Dans une démarche de simplification des procédures, le manager veillera à les tester toutes sur des sites pilotes pendant une période assez longue. Bien souvent, cette importante étape est ignorée sous prétexte d'un manque de temps. Cette fuite en avant doit être évitée par le manager en quête d'efficacité. Car une procédure mal ficelée conduit toujours à des impasses. De plus, la fraude en matière douanière étant très fugace, ne serait-il pas de bon aloi de s'assurer de la fiabilité du système mis en place pour la contrer ? Toute procédure à mettre en place doit impérativement obéir à cette triple exigence : limiter le « pouvoir de nuisance » des agents, servir de rempart contre la fraude et faciliter l'action des opérateurs.

La prise en compte de la dimension humaine

Le septième défi, et de loin le plus important, c'est la gestion des ressources humaines, c'est-à-dire la prise en compte de la dimension humaine de l'Administration. Il importe d'être, de prime abord, conscient que même avec les meilleurs procédures et outils, les agents ne pourraient pas offrir des services de qualité aux usagers sans une formation rigoureuse et un encadrement adéquat. C'est pourquoi l'on veillera, dans le management des services douaniers, à laisser une place de choix à la formation, de sorte que les agents aient une maîtrise suffisante de la matière et des procédures. Bien formés, il ne restera plus qu'à les déployer en fonction de leurs aptitudes propres dans les différentes activités. La pratique qui consiste à affecter indistinctement l'agent des douanes dans les services doit être abandonnée. Bien qu'appartenant à la même promotion, les agents sortis de l'école ont des aptitudes différentes qui peuvent tenir de leur formation de base ou de leurs projets personnels. La formation initiale doit naturellement s'accompagner de formations continues appropriées, afin de permettre à l'agent de combler les écarts entre ses compétences propres et celles requises pour un poste.

De l'école, l'agent sort avec des aptitudes. Il appartient à l'administration de lui procurer des compétences, à travers l'expérience du terrain et les pratiques professionnelles. Il faudra donc veiller à l'accompagnement professionnel des recrues. Les abandonner à leur propre sort dès leur arrivée est le meilleur moyen d'obtenir des agents démotivés, incompétents. « La meilleure minute dépensée, c'est celle que j'investis dans les individus », dit *Le Manager Minute*[59]. Poursuivant, il déplore : « La plupart des

---

[59] BLANCHARD (Kenneth) et JOHNSON (Spencer), *Le Manager Minute*, Éditions d'Organisation, 1987, p. 67.

entreprises consacrent 50 à 70 % de leurs ressources aux salaires. Pourtant, elles ne dépensent que 1 % de leur budget pour la formation. La plupart des entreprises dépensent même plus de temps et d'argent pour entretenir leurs locaux et leur matériel qu'elles n'en dépensent pour entretenir les compétences et perfectionner les individus[60]. » On a presque envie d'ajouter : et pourtant, ce sont les individus qui appliquent, qui mettent en œuvre les politiques et les actions ! Il est donc indispensable de former les individus.

Deux axes sont à privilégier : la formation pratique sur les lieux de travail par des tuteurs choisis parmi les agents chevronnés et la formation continue classique par voie de conférences et de séminaires.

En ce qui concerne la formation pratique sur le terrain, encore appelée formation action, elle doit être l'affaire des responsables de service dont les choix dans les nominations devront tenir compte de leurs aptitudes à transmettre du savoir-faire. Les compétences requises pour exceller dans les services qu'ils dirigent ne se trouvent nulle part ailleurs que dans lesdits services. Il suffit d'accepter de les rechercher par une confrontation des idées et des expériences des agents. Ailleurs, on parlerait de co-construction et de mutualisation. C'est une évidence, la compétence douanière existe. Aucun douanier ne la détient dans l'absolu, mais tous ensemble la possèdent et peuvent la transmettre à travers la formation continue.

Une formation continue bien conçue doit viser à combler des lacunes identifiées en termes de savoir, de savoir-faire et de savoir-être. Un poste de travail requiert un certain niveau de compétences pour exercer avec efficacité. L'écart entre ce niveau de compétences (compétences cibles ou requises) et la compétence actuelle

---

60 *Ibid.*, p. 68.

(compétence acquise) du titulaire ou du prétendant audit poste doit être identifié avec précision et comblé par la formation. Naturellement, la formation n'est pas la solution à tous les déficits. Parfois, il suffit de recourir à l'appui-conseil. Le recours aux catalogues de formation où l'on retient généralement des thèmes avec une formulation accrocheuse n'est pas une approche fiable. La bonne démarche impose que soient recueillis les besoins de formation auprès des concernés eux-mêmes ou de ceux avec qui ils interagissent. Une fois recueillis, ces besoins doivent faire l'objet d'analyse, en vue de les hiérarchiser ou de retenir les plus pertinents. En la matière, la différence est faite entre une envie de formation qui relève du subjectif et un besoin de formation, plus objectif, qui doit permettre de combler un déficit de compétence identifié. Mais pour une mise en œuvre réussie des actions de formation, une analyse préalable des emplois et des compétences doit être faite et disponible.

Cette analyse pourrait consister à définir la mission assignée à l'emploi à analyser, et à segmenter celle-ci en activités qui elles-mêmes seront détaillées en tâches. La mission se définit comme la raison d'être de l'emploi, ce pour quoi le poste est créé, tandis que l'activité renvoie à ce que fait concrètement le titulaire du poste. C'est à partir des activités que sont définies les compétences. Les tâches désignent les différents actes qui incombent à l'agent pour réaliser correctement chaque activité. Les compétences, quant à elles, désignent le savoir, le savoir-faire et le savoir-être professionnels d'un agent, reconnus de tous et mobilisés régulièrement de façon adéquate. Généralement, celles-ci s'analysent en compétences techniques (connaissances, méthodes et savoir-faire) d'organisation, relationnelles et d'adaptation.

Diverses méthodes d'analyse existent. L'essentiel est d'aboutir à des référentiels opérationnels. Pour rappel, le référentiel d'emploi s'attachera à détailler ce que l'agent doit faire dans le cadre du poste ou de l'emploi qu'il occupe (missions, activités, tâches), et le référentiel de compétences ce qu'il doit maîtriser pour tenir un poste ou un emploi donné, c'est-à-dire les connaissances (savoir), les aptitudes requises (savoir-faire) et les comportements et attitudes attendus (savoir-être).

Mais avant, il faudra définir une politique de formation. C'est-à-dire une déclaration écrite fixant les ambitions et les orientations stratégiques en matière de formation.

Le Référentiel Emploi du Vérificateur

Mission : Assurer la vérification documentaire et physique des cargaisons à l'importation, à l'exportation ou en transit et délivrer le permis d'enlever après avoir liquidé les droits et taxes éventuels en vue du recouvrement exact des sommes dues à l'État.

N°	Activités principales	Tâches
1.	Sélection des opérations à contrôler	▪ Analyser l'origine de la cargaison ; ▪ Cerner le fournisseur et ses pratiques commerciales ; ▪ Cerner l'importateur et ses rapports à la fraude ; ▪ Cerner le commissionnaire en douane agréé et ses pratiques ; ▪ Analyser l'itinéraire de la cargaison ; ▪ Analyser le mode de facturation déclaré au regard du type de marchandise et des

		habitudes du fournisseur ; ▪ Analyser l'espèce déclarée ; ▪ Analyser la valeur ; ▪ Analyser le niveau des droits déclarés ; ▪ Identifier les dossiers à risque ; ▪ Classer les dossiers par niveaux de risque.
2.	Préparation juridique et opérationnelle des contrôles	▪ Rassembler les textes législatifs et réglementaires relatifs aux contrôles ; ▪ Passer en revue la réglementation ; ▪ Sélectionner les textes relatifs aux envois à contrôler ; ▪ Identifier, par dossier, les points à contrôler ; ▪ Ranger les dossiers avec les textes appropriés.
3.	Réalisation des contrôles documentaires et physiques de marchandises	▪ Vérifier la présence des documents exigibles ; ▪ Vérifier la conformité des documents produits avec les exigences de la réglementation ; ▪ Vérifier la conformité des documents produits avec les énonciations de la déclaration ; ▪ Concevoir et organiser la visite physique des marchandises ;

		▪ Vérifier la conformité des énonciations de la déclaration avec les envois présentés au dédouanement ; ▪ Prescrire éventuellement un changement de circuit ; ▪ Délivrer le permis d'enlever.
4.	Rédaction des comptes rendus de contrôle et des actes de procédure	▪ Rédiger le rapport de visite ; ▪ Rédiger éventuellement la soumission contentieuse ; ▪ Rédiger éventuellement la transaction tenant lieu de procès-verbal ; ▪ Rédiger éventuellement le procès-verbal de saisie ; ▪ Rédiger éventuellement la transaction avant ou après jugement.

Le Référentiel Compétences du Vérificateur

Compétences techniques	**Niveau de compétence 1**	**N2**	**N3**	**N4**
Connaissances de base nécessaires				
C1- Connaître la douane : son organisation générale, ses missions, ses métiers, ses procédures.				
C2- Connaître le droit douanier et le droit fiscal				

national.				
C3- Connaître le droit douanier communautaire.				
C4- Connaître les règles d'évaluation des marchandises.				
C5- Connaître le Tarif des douanes.				
C6- Connaître la procédure du dédouanement.				
C7- Connaître les règles du commerce international.				
C8- Connaître le droit maritime.				
C9- Connaître la procédure contentieuse et fiscale.				
C10- Connaître la comptabilité commerciale.				
C11- Connaître les applications informatiques du métier.				
Maîtrise des méthodes				
Être capable de : **M1**- Utiliser les règles générales interprétatives du Système harmonisé. **M2**- Utiliser le Tarif des douanes. **M3**- Utiliser les différentes méthodes				

d'évaluation des marchandises.				
Maîtrise des savoir-faire				
Être capable de : **SF1-** Utiliser Excel, Word, Access, Internet et les logiciels d'analyse du risque. **SF2-** Élaborer une fiche technique de vérification. **SF3-** Construire des méthodes par critères pour sélectionner les déclarations à risque. **SF4**- Conceptualiser des méthodes d'approche des problèmes. **SF5-** Effectuer une recherche documentaire et réglementaire. **SF6**- Exploiter et restituer des données du manifeste, des connaissements et des lettres de transport aérien (LTA). **SF7**- Mettre en œuvre les procédures de vérification. **SF8**- Travailler en réseau en interne et en externe. **SF9**- Mener une audition.				

SF10- Rédiger une soumission contentieuse. **SF11**- Rédiger des procès-verbaux.				
Compétences d'organisation				
Être capable de : **O1**- Organiser son travail et celui de ses collaborateurs. **O2**- Établir une cartographie des risques : identification des risques potentiels et leur maîtrise. **O3**- Trouver des solutions alternatives ou de substitution dans des situations difficiles et inhabituelles de vérification des marchandises.				
Compétences d'adaptation				
Être capable de : **A1**- Travailler sous pression. **A2**- Actualiser ses connaissances. **A3**- S'adapter à l'évolution des outils de travail. **A4**- Mener diverses activités au sein de la structure (polyvalence).				

A5- Analyser ses propres pratiques de travail, les remettre en cause et les faire évoluer.				
Compétences relationnelles				
Être capable de : **R1**- Travailler dans une équipe pluridisciplinaire. **R2**- Communiquer avec les différents partenaires. **R3**- Se rendre disponible en situation de travail. **R4-** Convaincre : construire un argumentaire technique en matière de vérification. **R5**- Respecter les points critiques et règles de qualité, permettant d'établir des relations de confiance avec les supérieurs, les collègues et les agents. **R6**- Établir des relations de confiance avec les usagers/clients. **R7-** Encadrer des stagiaires.				

Une fois les référentiels élaborés et disponibles, chaque action de formation décidée doit avoir ses objectifs clairement définis. Cherche-t-on à apporter un complément d'information aux agents en vue d'enrichir leurs connaissances d'un sujet donné (objectif d'information) ou cherche-t-on à leur fournir de nouvelles règles et méthodes de travail en vue de permettre une meilleure réorganisation de leur travail (objectif de conceptualisation) ? On peut vouloir leur apprendre des pratiques professionnelles nouvelles qu'ils doivent appliquer à la lettre, voire reproduire. L'objectif ici serait un objectif d'application. Comme il apparaît, la détermination de l'objectif est très importante.

Par ailleurs, il ne serait pas sans intérêt d'envisager des formations diplômantes à l'appui des formations qualifiantes par la création de certificats, brevets et de diplômes internes qui pourraient se présenter ainsi :

- CA1 : certificat d'aptitude n° 1 ;
- CA2 : certificat d'aptitude n° 2 ;
- BA1 : brevet d'aptitude n° 1 ;
- BA2 : brevet d'aptitude n° 2 ;
- BASS1 : brevet d'aptitude des services de surveillance n° 1 ;
- BASS2 : brevet d'aptitude des services de surveillance n° 2 ;
- BSP1 : brevet de spécialités n° 1 ;
- BSP2 : brevet de spécialités n° 2 ;
- DACR : diplôme d'aptitude au commandement régional ;
- DACMR : diplôme d'aptitude au commandement et au management des ressources.

L'obtention de ces diplômes, brevets et certificats serait soumise, comme partout ailleurs, à des conditions d'études et d'ancienneté. Ce qui aurait pour avantage d'entretenir de façon permanente la flamme de l'apprentissage.

Afin de susciter l'intérêt des agents, des avantages objectifs doivent être liés à l'acquisition de ces diplômes, brevets et certificats. Il doit être admis qu'aucun agent ne pourra être nommé à un emploi dans l'administration s'il n'est titulaire du certificat, du brevet ou du diplôme approprié.

Les certificats, destinés aux contrôleurs des douanes ayant accompli leur formation militaire au niveau chef de groupe et justifiant d'au moins quatre années de service effectif dans l'emploi, pourraient se subdiviser en deux certificats autonomes et complémentaires :

- le CA1 ;
- le CA2.

Tout postulant au CA2 devrait être détenteur du CA1 depuis au moins deux ans. Le succès au CA1 donnerait au contrôleur la possibilité d'être nommé adjoint au chef de brigade, et le succès au CA2 la possibilité d'être nommé chef de brigade.

Les brevets seront destinés aux inspecteurs des douanes ayant accompli leur formation militaire au niveau chef de section et justifiant d'au moins quatre années de service effectif dans l'emploi. Les administrateurs postuleront directement au BA2 et au BASS2 dans les mêmes conditions. Les brevets pourraient se subdiviser en deux brevets autonomes et complémentaires :

- le BA1 ;
- le BA2 ;
- le BSP1 ;
- le BSP2 ;
- le BASS1 ;
- le BASS2.

Tout inspecteur postulant au BA2 devrait être titulaire du BA1 depuis au moins deux ans, le passage du BA1 au BASS2 se faisant dans les mêmes conditions. Il importe de préciser que dans cette optique, les BA et BASS seront des diplômes équivalents. Toutefois, la candidature au BASS sera subordonnée à l'obtention du BA équivalent, sans obligation de durée.

Les BASS pourraient être assortis des options suivantes :

- motocycliste ;
- stupéfiants ;
- maritime.

Les BSP seront réservés aux spécialités informatiques, statistiques ou autres et fonctionneront suivant les mêmes principes que les autres BA. Ils pourraient comprendre les options suivantes :

- analyse de données ;
- gestion du risque ;
- programmation ;
- gestion des bases de données.

Le titulaire du BA1 pourrait être nommé dans les fonctions de chef de bureau adjoint. La nomination au poste de chef de bureau serait subordonnée à la détention du BA2. L'inspecteur titulaire du BASS1 pourrait être nommé au poste de chef de subdivision adjoint et chef de subdivision, s'il est titulaire du BASS2. L'administrateur des services financiers titulaire du BA2 pourrait prétendre à la nomination en qualité de chef de bureau ou chef de division, s'il est titulaire du BASS2. Les titulaires des BSP1 et BSP2 seront respectivement nommés adjoints et chefs de bureau chargés desdites spécialités.

Les diplômes, quant à eux, seront destinés aux administrateurs des douanes ayant accompli leur formation militaire au niveau chef de section et justifiant d'au moins quatre années de service effectif dans l'emploi.

Il pourrait être créé deux diplômes hiérarchisés :

- le DACR ;
- le DACMR.

Le DACR serait ouvert aux administrateurs des douanes titulaires du BASS2 et le DACMR aux administrateurs des douanes titulaires du BA2 ou du BASS2. Il pourrait être également ouvert aux administrateurs détenteurs du DACR.

Les avantages liés aux diplômes seraient les suivants : le titulaire du DACR serait nommé sous-directeur dans les régions ou dans les fonctions de directeur régional, et le titulaire du DACMR, dans les fonctions de sous-directeur, directeur et directeur général.

La direction des unités d'intervention pourrait être exclusivement réservée aux seuls titulaires du DACMR ayant préalablement obtenu le DACR.

Le suivi d'un programme court en alternance de six mois serait nécessaire pour postuler aux différents titres. Les cours seraient dispensés tous les soirs, à l'École des douanes, de 17 à 20 heures.

La présence aux cours serait obligatoire. Ceux-ci se tiendraient sous la forme d'unités de valeur dont la validation totale serait nécessaire à l'obtention du titre.

Les agents de l'intérieur du pays seraient dispensés de l'obligation de suivre ceux-ci. Des cours leur seraient organisés au moyen des Technologies de l'information et de la communication.

Pour tenir compte des exigences de savoir, de savoir-faire et de savoir-être propres aux différents postes à responsabilité, le programme, ci-après fourni à titre indicatif, pourrait être envisagé[61] :

---

[61] Le programme des BASP devra être défini suivant le même principe.

Certificat d'aptitude n° 1 (CA1)

Matières	**Volumes horaires**
Rédaction administrative : rapport de mission, compte rendu d'événements	40 H
Éthique et déontologie	30 H
Exécution du service	60 H
Réglementation douanière nationale	30 H
Qualification et classification des infractions de campagne	40 H
Responsabilité	20 H
Rédaction des procès-verbaux	20 H
Total volumes horaires	**240 H**

Certificat d'aptitude n° 2 (CA2)

Matières	**Volumes horaires**
Rédaction administrative	50 H
Éthique et déontologie	30 H
Droits et obligations du fonctionnaire	20 H
Procédure des sanctions	20 H

disciplinaires	
Exécution du service	50 H
Réglementation douanière nationale et communautaire	40 H
Qualification et classification des infractions de campagne	40 H
Responsabilité	30 H
Rédaction des procès-verbaux	20 H
Total volumes horaires	**300 H**

Brevet d'aptitude n° 1 (BA1)

Matières	**Volumes horaires**
Éthique et déontologie	30 H
Réglementation douanière nationale et communautaire	40 H
Classement tarifaire	120 H
Valeur en douane	50 H
Procédures douanières de constatation	50 H
Mécanismes du commerce international	50 H

Total volumes horaires	**340 H**

Brevet d'aptitude n° 2 (BA2)

Matières	**Volumes horaires**
Éthique et déontologie	30 H
Droits et obligations du fonctionnaire	30 H
Réglementation douanière nationale, communautaire et internationale (les conventions)	50 H
Institutions communautaires (UEMOA, CEDEAO)	50 H
Organisation mondiale des douanes (OMD) : missions, organisation, fonctionnement	30 H
Organisation mondiale du commerce (OMC) : missions, organisation, fonctionnement, les accords	30 H
Classement tarifaire	90 H
Codification	50 H
Valeur en douane	50 H
Règles d'origine	30 H
Lutte contre la fraude	40 H

Procédures douanières de constatation	40 H
Pouvoirs des agents des douanes	30 H
Mécanismes du commerce international	50 H
Gestion des ressources humaines	50 H
Total volumes horaires	**650 H**

Brevet d'aptitude des services de surveillance n° 1 (BASS1)

Matières	**Volumes horaires**
Éthique et déontologie	40 H
Réglementation douanière nationale et communautaire	40 H
Service de garnison	40 H
Procédures douanières de constatation des infractions de campagne	60 H
Mécanismes du commerce international	40 H
Lutte contre la fraude	50 H
Pouvoirs des agents des douanes	30 H

Total volumes horaires	**300 H**

Brevet d'aptitude des services de surveillance n° 2 (BASS2)

Matières	**Volumes horaires**
Service de garnison	40 H
Techniques d'intervention opérationnelles	60 H
Initiation aux techniques commando (descente en rappel, traversée collective, franchissement aquatique)	40 H
Techniques d'intervention commando de type douane : embuscade et coup de main	40 H
Éthique et déontologie	30 H
Droits et obligations du fonctionnaire	30 H
Réglementation douanière nationale, communautaire et internationale (les conventions)	50 H
Institutions communautaires (UEMOA, CEDEAO)	50 H
Lutte contre les stupéfiants	40 H

Cours maritime	40 H
Lutte contre la contrefaçon	40 H
Répression des infractions au contrôle des changes	30 H
Stratégies de lutte contre la fraude	60 H
Contentieux douanier : infractions, qualification et procédure devant les tribunaux	60 H
Pouvoirs des agents des douanes	40 H
Mécanismes du commerce international	50 H
Gestion des ressources humaines	60 H
Total volumes horaires	**760 H**

Diplôme d'aptitude au commandement régional (DACR)

Matières	**Volumes horaires**
Formation des formateurs	50 H
Gestion des ressources humaines	50 H
Gestion des projets	40 H
Développement personnel	40 H

Protocole et savoir-vivre	20 H
Commandement	40 H
Total volumes horaires	**240 H**

Diplôme d'aptitude au commandement et au management des ressources (DACMR)

Matières	**Volumes horaires**
4.3 Le Référentiel Emploi du Vérificateur	60 H
Management des organisations	60 H
Management stratégique	60 H
Management du changement	40 H
Leadership	40 H
Développement personnel	40 H
Protocole et savoir-vivre	40 H
Total volumes horaires	**340 H**

La formation du personnel est très importante. Il n'y a pas de perte de temps lorsqu'on forme son personnel. Un responsable douanier de premier plan avait même pu soutenir, sans sourire, que « la formation n'est pas dans nos missions » (*sic*). Ceci pour minimiser sous la forme d'une raillerie l'importance de la formation, alors que j'expliquais à un collègue tout l'intérêt qu'il y avait à se former et à former ses collaborateurs pour une meilleure maîtrise des procédures. Nous étions à une réunion et ce dernier rendait compte d'une saisie opérée par ses services. Suite à la présentation des circonstances de la saisie, j'avais relevé une incompétence de l'Administration des douanes en la matière. J'avais exprimé ma crainte que l'administration ne soit déboutée dans l'affaire. Poursuivant, j'avais suggéré une formation du personnel à la bonne application des textes afin d'éviter certaines erreurs qui pourraient nous valoir des procès. La suite des événements avait donné raison au responsable de la formation que j'étais.

Disposer de ressources humaines de qualité ne peut se faire sans une école des douanes digne de ce nom. Cette question qui s'est posée dès le début de l'indépendance continue d'être d'actualité. Aussi bien le personnel des services de surveillance que ceux des opérations d'assiette ont besoin de formation. Aux premiers, cette école doit fournir lors de la formation initiale, les rudiments nécessaires à la bonne exécution du service ; une formation suffisamment complète pour faire d'eux des agents hautement qualifiés, aptes à s'acquitter de leurs missions avec professionnalisme. Pour les seconds, cette école doit être le lieu de compléter les généralités des cours reçus à l'ENA par des formations qui leur offrent des possibilités d'applications pratiques fondées sur la résolution de problèmes. À tout le personnel, cette école doit assurer une formation continue efficace.

Il faut donc se résoudre définitivement à doter l'Administration des douanes d'une école. Ce n'est pas un luxe. Le métier de douanier le recommande. Les nouvelles missions de la douane et les nouveaux défis qui se présentent aux administrations douanières l'exigent. De nombreux pays l'ont si bien compris qu'ils disposent d'académies, de collèges ou d'universités des douanes.

Sans prétendre à ce niveau d'équipement, l'Administration des douanes ivoiriennes devrait disposer d'une école sur un site assez vaste, qui permette des formations techniques et militaires complètes.

Il importe de souligner que la formation bien menée est en elle-même une source de motivation pour le personnel qui la reçoit. Un personnel motivé ayant un impact significatif sur le résultat de l'organisation, le manager doit y accorder un grand soin. Diverses approches existent en matière de motivation qui doivent toutes être explorées et mises en œuvre en fonction des moyens. Négliger cet aspect après avoir sécurisé les procédures serait suicidaire. L'erreur est malheureusement courante, qui consiste à ne pas s'intéresser aux principaux acteurs de terrain dès lors que la sécurisation des procédures est assurée ou que des primes leur sont versées. D'ailleurs, la motivation financière permanente devient pour l'agent un dû. Elle finit par ne plus être motivante, puisqu'il en vient à l'intégrer à ses rémunérations courantes. Au-delà de la motivation basée sur l'argent, ou l'incitation plus précisément, les agents, faut-il se le rappeler, aspirent à la considération (respect, reconnaissance des efforts, remerciements personnels de la hiérarchie…), à un profil de carrière clair (transparence dans le déroulement de carrière et des promotions), à la justice dans les affectations et dans la distribution des avantages.

Les attentes en termes de motivation peuvent aussi revêtir le caractère d'avantages sociaux (assurances, vacances, conditions préférentielles de logement). Aux agents les plus méritants, on pourrait imaginer offrir des voyages à l'étranger, en fonction des possibilités. Il y a également et surtout les décorations, ces objets apparemment insignifiants et qui ne sont pas sans valeur ! Bien que prévues par le décret n° 70-592 du 7 octobre 1970, portant création de la Médaille des douanes, très peu d'agents ont, à ce jour, reçu des décorations[62]. Personne ne semblait, il y a peu, en faire un objet de préoccupations et certains se retrouvaient à de hauts postes, la poitrine totalement nue…

Mettre l'agent à l'abri du besoin, l'aider à se donner de la valeur, à prendre de la hauteur, n'a pas de prix. Il y a juste un coût, qu'il faut apprécier par rapport au manque à gagner résultant d'éventuelles indélicatesses.

En somme, disposer d'agents motivés est extrêmement important. Car il ne faudrait pas oublier que l'homme est la ressource principale de tout système. On le dit, on le répète, mais personne ne semble y croire. Pour preuve, les gestionnaires des ressources humaines au sein des organisations ne sont pas des professionnels formés au métier. Ils n'en ont pas tous la compétence et ne peuvent convenablement utiliser les leviers d'une bonne gestion des ressources humaines. Malheureusement, cette fâcheuse tendance ne semble guère interpeller les pouvoirs publics. Or, s'il est vrai que la ressource première est l'homme, comment expliquer l'existence, à l'ENA, de filières de gestion financière alors qu'il n'en existe pas, à ce jour, pour les ressources humaines ? Il est donc urgent d'envisager la création, au sein de cette école, d'une filière de gestion des ressources humaines et de confier aux agents issus de celle-ci l'animation des services chargés de la gestion des ressources humaines de tous les services publics et parapublics.

La motivation, sur laquelle il convient d'insister, est fondamentale. La hiérarchie doit y veiller, en donnant constamment le bon exemple et en étant cohérente dans ses dires et ses actes. La hiérarchie doit veiller à être crédible aux yeux des agents. Elle doit éviter toutes

---

62 La création de la Médaille des douanes fait suite à une demande des agents des douanes formulée lors du Premier congrès national du syndicat unique des douanes.

actions ou tous actes d'injustice. On le sait désormais, la motivation ne s'obtient pas uniquement par la distribution de ressources financières. De simples attitudes de la part de la hiérarchie telles que la considération ou la reconnaissance des efforts produisent souvent de grands effets.

Le manager doit œuvrer au maintien d'un esprit de corps et de loyauté au sein de son personnel. Des solutions simples existent à cet effet, comme, par exemple, susciter la création et l'organisation d'activités extraprofessionnelles. Véritables exutoires, ces activités peuvent prendre la forme de manifestations à caractère culturel, social ou sportif.

Concernant le comité de direction, dont certains membres n'expriment presque jamais leurs pensées profondes, ramant parfois sournoisement à contre-courant, des dispositions renforçant l'équipe sont à explorer. En appui à la nomination des directeurs, conseillers et sous-directeurs, la pratique du *team building* semble être une approche à adopter. Les collaborateurs et le premier responsable doivent constituer une équipe dans laquelle chacun, conscient de sa mission et valorisé, donnera le meilleur de lui-même. Peut-être faut-il que les premiers responsables douaniers se donnent moins l'image de tout-puissants chefs, détenteurs des vérités que celle de leaders charismatiques, pour permettre aux initiatives d'éclore. Ce positionnement autoritaire, source de crainte, d'angoisse et de stress ne serait-il pas la cause du manque d'engagement et de sincérité de certains collaborateurs ? Ainsi, en amenant l'ensemble de ceux-ci notamment ses proches collaborateurs à se sentir, au même titre, investis de la mission, le manager pourra facilement atteindre ses objectifs. Ce faisant, une bonne partie des dysfonctionnements conduisant au développement de la fraude sera évitée. Car, à la vérité, rares sont les situations frauduleuses qui échappent totalement à la connaissance du personnel, à un niveau ou à un autre.

Un personnel faisant corps avec le manager cesse de voir les échecs et les succès de l'administration comme étant ceux du seul responsable. Il s'en sent tout aussi garant et s'implique ardemment.

Au plan strictement professionnel, le manager douanier doit veiller à assurer des rotations et mutations des personnels. Trois années, voire quatre, paraissent suffisantes au niveau des postes les plus sensibles. Dans l'esprit des agents, il existe des postes « juteux » et des « purgatoires ». Il faut savoir en tenir compte. Le nier serait catastrophique, car cela frustrerait ceux qui estimeraient certains de leurs collègues plus favorisés. Sans le dire expressément, il s'agit d'éviter l'injustice. Tout en œuvrant à éviter l'injustice, ce qu'apprécieraient ses collaborateurs, le manager réglerait ainsi le problème de la concussion qui naît bien souvent des familiarités.

Dans certains pays, les contrôles physiques de marchandises sont exercés par d'autres administrations. Celles-ci opèrent les contrôles et portent les données à la connaissance de la douane pour application de la réglementation. Une démarche tendant à faire intervenir un « œil étranger » à l'occasion des contrôles douaniers ivoiriens ne serait pas inutile. Le contrôle contradictoire est une précaution majeure face au risque d'entrée frauduleuse de certaines marchandises.

Un élément tout aussi important que l'on a tendance à occulter, c'est l'ergonomie, entendu ici au sens de confort de l'agent sur son lieu de travail. Le manager doit veiller à leur mettre à disposition des cadres sains, qui les préservent des accidents, de la fatigue et des maladies. Il s'agit, en somme, de cadres de travail qui les disposent à donner le meilleur d'eux-mêmes. Ce n'est inconnu de personne, un agent public qui évolue dans un environnement insalubre est, en plus d'être démotivé et contre-performant, très réceptif aux pots-de-vin.

Après toutes ces dispositions, très peu de personnes comprendraient le manque de sanctions. Les fautes doivent être sanctionnées avec promptitude, afin de décourager l'effet domino. Ce n'est pas être mauvais que d'appliquer des sanctions disciplinaires, encore moins lorsque l'effort a été fait pour mettre le personnel à l'abri du besoin. Des systèmes très efficaces peuvent être mis en place pour décourager les agents qui essaieraient de ruser avec les bonnes pratiques. Dans certains pays, des agents de renseignement connus de tous sont affectés dans les services avec pour mission de rendre compte à l'autorité des dysfonctionnements constatés sur le terrain. Pour s'assurer que ces derniers s'acquittent convenablement de leur mission, d'autres agents, inconnus de tous, y sont régulièrement affectés avec pour mission officieuse de recueillir des informations aussi bien sur le service que sur les agents de renseignements… Avec un tel système de veille, le responsable douanier disposera des moyens de prévenir les dérapages et de s'assurer une meilleure exécution du service. Afin d'être rapidement informé des agissements de ses collaborateurs, le manager douanier pourra tenir à la disposition du public des lignes téléphoniques ou des adresses e-mail et identifier clairement le service en charge de la gestion des plaintes et des réclamations. Il ne s'agit pas ici d'un acte à poser par acquit de conscience, comme ces nombreuses lignes vertes au bout desquelles il n'y a jamais de correspondants ou ces boîtes à suggestions jamais ouvertes. Ces outils une fois installés doivent effectivement servir.

Mais avant de passer à toute phase répressive, le manager devra veiller à remettre préalablement à chaque agent copie du Code de conduite dont s'est dotée l'administration. Les dispositions de ce « repère professionnel » doivent être préalablement lues et commentées à tous les agents. L'Organisation mondiale des douanes a développé un ensemble d'outils de lutte contre la corruption dont le manager douanier doit se servir pour gérer efficacement son personnel. Il s'agit notamment de la Déclaration d'Arusha (révisée), de la Déclaration de Maputo, du modèle de Code d'éthique et de conduite et du guide pour le développement de l'éthique.

Il est bon de souligner que disposer de ces outils, bien que salutaire, ne suffira pas à obtenir les comportements recherchés. En matière d'éthique, on ne peut faire abstraction du poids de l'exemple que doit donner la hiérarchie. À travers sa ferme volonté d'appliquer sans équivoque à sa propre personne les principes de bonne conduite, le manager des services douaniers pourra parvenir à obtenir de ses collaborateurs les comportements souhaités. Il faudra en outre mettre en place des mécanismes renforçant l'intégrité, confier de façon univoque le contrôle du respect des règles de bonne conduite à un service, notamment à l'Inspection. Celle-ci se chargera de mettre en place et de vérifier la disponibilité des codes au niveau de chaque agent, d'en vérifier la mise en pratique, d'identifier et de suivre la mise en œuvre des formations appropriées.

Dans cet esprit, la douane ivoirienne a contribué, comme indiqué plus haut, à la création d'un Observatoire de la célérité des opérations de dédouanement. L'appropriation d'un tel outil par les managers serait fort utile, pour veiller de façon impartiale au bon fonctionnement des services. À côté de cet observatoire, dont l'objectif est d'œuvrer à la célérité des opérations de dédouanement, la mise en place d'un observatoire de promotion de l'intégrité doit être envisagée. Cet outil, axé sur l'identification des pratiques anormales, attirera régulièrement l'attention du manager sur le niveau d'appropriation des règles d'éthique par son personnel. Des statistiques périodiques publiques, mettant en relief les tendances (hausse ou régression), seraient de nature à maintenir un niveau de pression sur les responsables qui se sentiront obligés d'agir pour infléchir les courbes ou de redoubler d'efforts pour améliorer leurs résultats.

Trouver solution à la corruption, pratique anormale par excellence, n'est peut-être pas aisé, mais cela ne relève pas non plus de l'impossible. Avec des sanctions exemplaires et des mesures tendant à encourager le corrupteur qui dénonce la corruption, un pas important pourrait être accompli.

Personnellement, dès que j'entends partout professer que quand il y a corrompu, il y a corrupteur, et que les deux doivent être sanctionnés, je conclus tout de suite à un manque de volonté de lutte contre la corruption.

Ce que l'on feint d'oublier, c'est la nature même de la corruption : un phénomène humain, qui s'adresse généralement au point le plus faible de l'individu. C'est-à-dire ce que l'individu (le corrompu) aime le plus, ou ce dont il est le plus en manque.

Le corrupteur, pour sa part, est cet individu qui transgresse une réglementation par action, inaction ou omission. Il encourt de ce fait une sanction qui peut être très lourde. En pareille circonstance, que fait *normalement* et *raisonnablement* l'être humain ? Il cherche à se dégager de cette mauvaise passe, *par tous les moyens*.

Le corrupteur est donc dans sa logique. Il revient au fonctionnaire de résister. C'est pourquoi l'agent doit être l'acteur principal à sanctionner.

Lutter contre la corruption nécessite que l'on crée dans l'esprit de l'agent un environnement d'insécurité, de menace constante : risques pour sa carrière et sa liberté, risques de dénonciation par le corrupteur ou incertitudes quant à la « bonne foi » ou au « silence » de celui-ci. En France, le Code des douanes, en son article 59/1, stipule clairement : « Il est interdit aux agents des douanes, sous les peines prévues par le Code pénal contre les fonctionnaires publics qui se laissent corrompre, de recevoir directement ou indirectement quelque gratification, récompense ou présent. » Une telle disposition a le mérite de clarifier les attentes fortes des pouvoirs publics en matière de bonne gouvernance. Pour bien marquer la détermination à lutter contre la corruption, l'alinéa 2 dudit article dispose : « Le coupable qui dénonce la corruption est absous des peines, amendes et confiscations. » Cette disposition pourrait figurer au Code des douanes national. Il reste entendu que de telles prescriptions ne peuvent prospérer que dans un environnement où la volonté de lutte contre la corruption est manifeste.

La gestion du changement est le huitième défi. Le milieu douanier, comme tout milieu organisé, recherche la stabilité, une certaine lisibilité à court, à moyen et à long terme. Or, le monde évolue et fait obligation aux managers de s'adapter à ces mutations et d'adapter également leurs outils à l'environnement nouveau. La question se pose alors de savoir comment introduire le changement en emportant l'adhésion de ses collaborateurs. Faut-il imposer les réformes sur la base des larges pouvoirs détenus par le directeur général au risque de braquer les agents et d'obtenir une contre-performance ou faut-il les négocier en courant le risque de faire face à de la surenchère de la part de ses collaborateurs ? En tout état de cause, il lui faut être moins ce chef qui sait mieux que tout le monde, qui ordonne, voire qui contraint que ce leader qui est à l'écoute, accompagne et joue collectif.

Tout changement, toute réforme, doit nécessairement tenir compte du processus organisationnel pour avoir les meilleures chances de succès. Ce qui signifie qu'il faut, d'une part, prévoir et anticiper les résistances et, d'autre part, accompagner le changement de façon adéquate. En la matière, les invariants sont : le portage politique, c'est-à-dire l'engagement, le soutien fort du management ; la communication, le dialogue et la négociation.

Par l'intérêt qu'il montre, par son engagement et son implication personnelle, le manager donne un signal fort à ses collaborateurs. Il doit éviter cette erreur répandue qui consiste à instaurer le changement et à s'en détourner. Jusqu'à la fin du processus, celui-ci doit demeurer sa priorité. Il doit être le premier accompagnateur du changement. Il est bon que le manager connaisse les raisons de la résistance au changement. Il s'agit notamment de la peur de l'inconnu, de la crainte de perdre des avantages financiers ou autres positions dans l'organisation (autonomie, poste à responsabilité, emploi…). C'est pourquoi le manager devra veiller à expliquer ses actions, à savoir les présenter aux agents en mettant en relief l'intérêt pour eux et pour la douane. C'est le nécessaire dialogue et la communication qui doivent s'établir entre le management et les collaborateurs et qui doivent se perpétuer durant toutes les phases du processus. Aussi, devra-t-il prévoir des mesures d'accompagnement des réformes. Dans tous les cas, les actions cavalières devraient être proscrites pour faire l'économie de conflits sociaux. Aussi bien le manager que les agents, tous ont été recrutés pour œuvrer à la réalisation des missions de la douane. Il faut donc rassurer ces derniers, les associer au changement dans un partenariat gagnant-gagnant.

La bonne gestion de ces huit défis pourrait suffire à réussir la mission du manager des services douaniers. Il reste cependant un dernier défi avec lequel il devra composer tout au long de son mandat. Celui-ci ne peut être formalisé, car il peut exister ou non en fonction du niveau de conscience fiscale des dirigeants et des populations. Lorsque les populations et les dirigeants sont respectueux des règles, le manager en sera à l'abri. Dans le cas contraire, il devra faire face à cette contrainte forte tout en se donnant les moyens de contenir son ampleur et sa fréquence. Il doit, pour se soustraire à ladite contrainte, bénéficier du soutien ferme de la hiérarchie et se fixer, à lui-même et à ses proches, des limites : pas d'intervention ni interférence dans la procédure. En effet, il est fréquent que ceux qui détiennent une parcelle de pouvoir cherchent à se soustraire au paiement des droits et taxes de douane. Ceux qui le peuvent n'hésitent pas à appeler le premier responsable des douanes pour solliciter des passe-droits. À ce niveau de responsabilité, le manager n'est pas que technique. Il est aussi politique. Ce qui pourrait s'exprimer en termes de « compréhension » face à certaines sollicitations. Malgré tout, il doit parvenir à faire en sorte que tous s'approprient et appliquent l'article 3 du Code des douanes qui stipule que : « Sur l'ensemble du territoire douanier, les mêmes lois et règlements douaniers doivent être appliqués sans égard à la qualité des personnes. »

CINQUIÈME PARTIE : Et demain ?

Parler de la douane sans évoquer le futur, serait faire œuvre incomplète. Car la douane aujourd'hui n'est pas celle d'hier et non plus celle de demain. C'est quasiment un truisme que de l'affirmer. D'ailleurs, la douane de demain côtoie celle d'aujourd'hui sous certains cieux et nombreux sont les agents en activité dans nos pays qui s'y perdraient. La fracture numérique qui s'observe entre pays développés et pays en voie de développement semble également constituer une ligne de démarcation entre administrations des douanes. En effet, de nombreuses administrations douanières de pays développés ou de pays émergents intègrent, ces derniers temps, des technologies émergents dans leur fonctionnement quotidien avec pour certains, des résultats tangibles. Les douanes des pays en développement ne semblent pas s'y intéresser, pour le moment. Or, les défis qui amènent ces administrations à opter pour ces technologies se présenteront à toutes les administrations douanières. Il importe d'en prendre conscience et de mener conséquemment les réflexions appropriées.

Les technologies émergentes, faut-il le préciser, sont un ensemble de technologies innovantes qui bouleversent les systèmes de pensée actuelles et les possibilités d'action des personnes, des administrations et des entreprises. Comme les TIC dont elles se démarquent par leur caractère révolutionnaire, ces technologies élargissent davantage le champ des possibilités offert aux humains, dans tous les secteurs d'activité. Au niveau douanier, les applications sont très variées et présagent d'une place prépondérante dans les années à venir. Certes, elles sont une opportunité pour les administrations douanières, une solution à bien de défis auxquelles elles sont confrontées. En tant qu'opportunité, elles peuvent permettre à la douane de faire face aux équations nouvelles nées de leur utilisation dans le commerce international et dans la chaîne logistique. Elles sont donc à maîtriser. Elles sont également à maîtriser et à surveiller parce qu'à la portée de tous, des fraudeurs pourraient en faire usage. Ce qui menacerait le commerce légitime et la juste perception des droits de douane.

5.1 Les problématiques nouvelles

La mission fiscale de la douane demeure encore très importante, notamment dans les pays en développement, qui continuent de dépendre des recettes douanières pour le financement de leurs activités. Cette vision de la douane tend à être marginale, à en juger par les préoccupations qui rythment les grandes assemblées internationales qui débattent des questions douanières. Celles-ci mettent en avant la coopération entre la douane et le secteur privé et plus précisément, la facilitation des échanges. Il est à rappeler que les Etats ont signé, sous l'égide de l'Organisation mondiale du commerce, l'Accord sur la facilitation des échanges (AFE). Entré en vigueur depuis le 22 février 2017, cet accord vise à réduire les formalités administratives de passage des frontières, jugées excessives et onéreuses par les opérateurs économiques, en vue d'accélérer le mouvement transfrontalier des marchandises. Cet accord impacte le fonctionnement des administrations douanières qui sont amenées à composer étroitement avec le secteur privé, désormais un partenaire à accompagner. Elle est bien loin la période où la douane et le secteur privé se regardaient de façon suspicieuse, voire en chiens de faïence. Dans la même veine, les administrations douanières sont encouragées à agréer des opérateurs qui devront bénéficier de mesures de facilitation accrues. Il est à noter que ces exigences de facilitation interviennent dans un contexte de forte croissance des échanges, de complexité des mécanismes du commerce international et de la chaîne logistique ainsi que de stagnation voire de réduction des effectifs douaniers. Les administrations douanières doivent donc traiter avec célérité d'importants flux de marchandises, tout en veillant à la juste collecte des droits de douane et au respect des mesures sanitaires et de prohibition. Les opérateurs économiques, les autorités portuaires et aéroportuaires sont toutes favorables à la réduction drastique du temps mis par la douane pour la mainlevée des marchandises et y militent activement. Alors qu'au début des années 1970 les plus gros porte-conteneurs chargeaient moins de 2000 conteneurs en équivalent 20 pieds (EVP), il en existe aujourd'hui d'une capacité de plus de 20 000 EVP. C'est dans ce nouveau contexte, qu'il est attendu de la douane qu'elle accélère ses procédures. Car tout retard qui lui est imputable est source de pertes financières considérables pour les importateurs, les administrations portuaires et les opérateurs de la chaîne logistique, sans possibilité de dédommagement.

À côté des importations traditionnelles réalisées par les opérateurs économiques, les administrations douanières sont également confrontées à l'essor du commerce électronique, qui se caractérise par une importation massive de petits colis. Relativement faible en Côte d'Ivoire, le phénomène pourrait prendre de l'ampleur dans un proche avenir. Ce qui nécessitera une réorganisation des services en vue d'y faire face. Les défis généralement associés à ce trafic sont le grand nombre de colis à traiter et les infractions aux droits de la propriété intellectuelle.

Par ailleurs, il est à noter l'entrée en vigueur du tarif extérieur commun (TEC) de la CEDEAO et du code des douanes communautaire qui s'ajoutent aux défis auxquels doit faire face la douane. Les évolutions futures de la CEDEAO pourraient conduire au retrait des administrations douanières des frontières entre Etats membres, comme il est donné de le voir dans la plupart des pays membres de l'Union européenne. Les pouvoirs publics pourraient donc être amenés à réduire les effectifs douaniers, en raison du faible nombre de frontières à surveiller. L'avènement de la zone de libre-échange continental africaine (ZLECAf) est à inscrire au nombre des défis futurs. Il est vrai que les échanges intra africains sont très faibles en ce moment, de l'ordre de 10 à13%,[63] et

[63] https://au.int/fr/developpement-du-commerce-et-de-lindustrie, site de l'Union africaine, consulté le 16 mai 2020

que l'impact de la ZLECAf sur le fonctionnement de la douane paraît incertain, sauf à (très) long terme.

De plus, le développement des technologies numériques a conduit à l'avènement de nouveaux procédés techniques ayant de fortes implications et applications douanières. Qu'il s'agisse des scellés électroniques, des conteneurs intelligents, de la technologie des chaînes de bloc, de l'Internet des objets ou autres, ces technologies utilisées dans le commerce international, ne peuvent être ignorées des services douanes. Très variées, elles ont fait l'objet de plusieurs études aussi bien par des universitaires, des entreprises privées que par des organisations internationales. Ces études ont révélé qu'elles étaient disruptives et révolutionneraient l'emploi et tous les pans de l'économie. Un rapport du Mckinsey Global Institute (MGI)[64] avertit à ce sujet : « Les chefs d'entreprise et les décideurs doivent identifier les technologies potentiellement perturbatrices et examiner attentivement leur potentiel avant que ces technologies commencent à exercer leurs pouvoirs perturbateurs dans l'économie et la société ». Le rapport en identifie 12, « susceptibles d'avoir un impact massif sur la façon dont les gens vivent et travaillent, ainsi que sur les industries et les économies ». Il s'agit, notamment de l'Internet mobile, de l'automatisation du travail intellectuel, de l'Internet des objets, de l'informatique en nuage, de la robotique avancée et de l'Impression en 3D. Le Forum économique mondial s'est également intéressé à la question, tout comme l'Organisation mondiale des Douanes. Dans un « Rapport d'étude sur les technologies

[64]https://www.mckinsey.com/~/media/McKinsey/Business%20Functions/McKinsey%20Digital/Our%20Insights/Disruptive%20technologies/MGI_Disruptive_technologies_Full_report_May2013.ashx, consulté le 18 mai 2020

de rupture »[65], l'OMD met en relief sept technologies qui ont un intérêt certain pour les administrations douanières : la technologie de la chaîne de blocs, l'Internet des objets, l'Intelligence artificielle et l'apprentissage automatique, la biométrie, les drones, la réalité, virtuelle, augmentée et réalité mixte et, l'impression 3D. Pour chaque technologie, le rapport indique les utilisations potentielles, après en avoir donné une définition.

5.2 Embrasser les technologies émergentes

La réflexion proactive menée par l'OMD, organisation internationale de référence en matière douanière, ne résulte pas d'un effet de mode. Elle anticipe sur le nouvel environnement du Commerce international et invite les administrations douanières à s'approprier ces technologies.

Malgré les nombreux rapports sur la question, ces technologies ne sont pas toutes cernées, car elles se réinventent quotidiennement. Cependant, elles ont en commun de modifier le quotidien des individus, des entreprises privées et des organisations ainsi que leur rapport à l'autre et au monde. Elles influencent les manières de travailler et les emplois qu'elles menacent dans certains cas ou en créent de nouveaux.

Bien qu'ayant aujourd'hui un caractère exceptionnel, ces technologies sont appelées à s'étendre au-delà des entreprises privées qui en font déjà un large usage. Les administrations douanières ne devraient pas être en reste. En conséquence, des dispositions doivent être prises pour les acquérir, former le personnel à leur utilisation ou

---

[65] http://www.wcoomd.org/-/media/wco/public/fr/pdf/topics/facilitation/instruments-and-tools/tools/disruptive-technologies/wco_disruptive_technologies_fr.pdf?db=web, consulté le 18 mai 2020

recruter les profils adaptés. Des réflexions doivent également être menées pour identifier les emplois et les métiers dont l'utilité pourrait être compromise, d'une part et les nouveaux métiers avec lesquels il faudra composer, d'autre part.

Les opportunités offertes par ces technologies sont telles que les seuls obstacles à leur déploiement sont la volonté politique et, éventuellement, les ressources. La matière existe en abondance sous la forme de données dans le Sydam et n'attend plus que l'exploitation. Certes, des analyses statistiques en sont faites et les informations éclairent les décisions. L'intelligence artificielle, l'apprentissage machine (*Machine learning*) et l'apprentissage profond (*Deep learning*) permettent aujourd'hui de défier l'intelligence humaine en termes de capacité d'analyse, de vitesse d'exécution et de prédictibilité. Aucun esprit humain ne peut analyser tout le contenu du Sydam qui est quasiment dormant. Avec la *Data Mining*, l'analyse de ces mégadonnées (*Big data*) est à la portée de tous.

Faire face aux défis auxquels la douane est confrontée tels que le volume toujours croissant des cargaisons à inspecter, la célérité des opérations de dédouanement et les recouvrements de recettes dont les montants augmentent d'année en année, nécessite le recours aux technologies novatrices dont les plus pertinentes en matière douanière, font l'objet du rapport évolutif de l'OMD. Il est à souligner, à titre d'illustration, qu'au niveau de la Visite au Port autonome d'Abidjan, le service fonctionne avec un effectif réduit et parvient à peine à contrôler l'ensemble des déclarations qui font l'objet de sélection. Un accroissement des effectifs étant illusoire, le tableau ne s'améliorera donc pas dans un horizon prévisible. Le recours aux technologies émergentes offrirait, dans ce cas de figure, la possibilité de se passer des grands effectifs et de se faire accompagner par la machine, comme ces moteurs de recommandations qui permettent à nos smartphones de nous accompagner dans nos écrits ou Google, dans nos recherches. Les utilisateurs de Facebook sont parfois surpris de recevoir des suggestions sponsorisées relatives à des produits dont ils ont parlé au cours de leurs échanges sur les réseaux sociaux. Une application douanière des systèmes d'apprentissage automatique est possible.

Par ailleurs, les leçons tirées du télétravail lors des périodes de confinement consécutives à la survenue de la pandémie du coronavirus (COVID-19) devraient donner lieu à des réflexions en vue d'intégrer de nouvelles modalités aux procédures et méthodes de travail. Il a été prouvé que tous les secteurs d'activité pouvaient recourir efficacement au travail en ligne. Les explorations des potentialités douanières de ces nouvelles méthodes de travail, menées au sein de chaque administration, devraient pouvoir conduire à leur utilisation quotidienne. Les Directeurs régionaux qui parcourent des centaines de kilomètres pour se rendre à Abidjan en vue de prendre part aux réunions du Comité de direction seraient bien soulagés, si certaines de ces réunions se tenaient via les applications de visioconférence telles que Skype, Zoom, Google Hangouts et Webex.

Toutefois, parler d'intelligence artificielle, d'analyse des données, d'Internet des objets, d'applications de visioconférence et autres technologies implique des investissements pour l'acquisition de logiciels, le recours accru à l'informatique et à un personnel doté de compétences spécifiques. Certes, il existe des logiciels de source ouverte dont les équipes techniques pourraient se servir. Mais des investissements seront nécessaires pour l'acquisitions de logiciels appropriés. Les pouvoirs publics ne devraient pas faire obstacle à ces acquisitions. Des réflexions doivent s'engager pour définir les programmes de formation et le profil des personnels à recruter. L'informatique et les informaticiens pourraient jouer un rôle majeur, les années à venir. Autant dire que le profil traditionnel du douanier pourrait disparaître au profit d'agents maîtrisant l'outil informatique. Les agents en activité qui ont le profil requis pourraient bénéficier de compléments de formation afin de commencer à mettre en œuvre les énormes potentialités qu'offrent ces technologies innovantes. Les enjeux le recommandent et devraient inciter le sommet stratégique à intégrer ces nouveaux paradigmes dans toutes ses réflexions.

CONCLUSION

La douane est une administration de tous les fantasmes. Mal connue dans ses missions, son organisation et son fonctionnement, elle n'en fédère pas moins contre elle tous les spécialistes en organisation et en moralisation de la vie publique. Et pourtant, il y a loin de la coupe aux lèvres. Bien souvent, les jugements péremptoires dont sont l'objet l'Administration et le personnel des douanes prospèrent par ignorance. Restaurer l'image de la douane dans l'opinion est une tâche homérique, les dés étant pipés d'avance. Mais ce fait ne devrait pas décourager le manager qui doit y veiller quotidiennement, sans oublier ses missions. Il lui revient de mieux communiquer sur celles-ci, sur le fonctionnement de son administration et ses résultats, tout en s'efforçant de répondre convenablement aux attentes des usagers et des pouvoirs publics : célérité dans les opérations et performances fiscales.

En définitive, manager efficacement les services douaniers, c'est répondre à un ensemble de défis. C'est se donner les moyens de renforcer la vigilance du service afin de lutter plus efficacement contre la fraude. Le suivi rigoureux des axes identifiés est de nature à contribuer au renforcement et à la sécurisation des actions de la douane. Cela accroîtrait l'efficacité des services et la visibilité de l'administration dans l'opinion publique. Il importera dès lors d'œuvrer à la lisibilité des actions. C'est-à-dire rendre les procédures prévisibles, les simplifier autant que faire se peut tout en étant à l'écoute des usagers, la principale raison d'être de la douane. Sous réserve que ceux-ci s'engagent à adopter un comportement citoyen à l'égard de la douane, l'administration devra veiller à la qualité du service qui leur est offert, en réduisant notamment les coûts et les délais. Les technologies émergentes sont, à cet égard, une mine à explorer. Enfin, la question de l'éthique, très sensible dans l'univers douanier, doit être traitée sans faiblesse, avec en prime l'exemple que devra donner la hiérarchie et sa volonté manifeste d'œuvrer au respect des règles d'éthique et de déontologie. Un important travail a été fait par l'Organisation mondiale des douanes. Il ne reste plus qu'à se l'approprier avec tout l'engagement et toute l'énergie nécessaires au respect des règles d'éthique au sein d'une administration financière.

FIN

TABLE DES MATIÈRES

Structures éditoriales du groupe L'Harmattan

L'Harmattan Italie
Via degli Artisti, 15
10124 Torino
harmattan.italia@gmail.com

L'Harmattan Hongrie
Kossuth l. u. 14-16.
1053 Budapest
harmattan@harmattan.hu

L'Harmattan Sénégal
10 VDN en face Mermoz
BP 45034 Dakar-Fann
senharmattan@gmail.com

L'Harmattan Cameroun
TSINGA/FECAFOOT
BP 11486 Yaoundé
inkoukam@gmail.com

L'Harmattan Burkina Faso
Achille Somé – tengnule@hotmail.fr

L'Harmattan Guinée
Almamya, rue KA 028 OKB Agency
BP 3470 Conakry
harmattanguinee@yahoo.fr

L'Harmattan RDC
185, avenue Nyangwe
Commune de Lingwala – Kinshasa
matangilamusadila@yahoo.fr

L'Harmattan Congo
67, boulevard Denis-Sassou-N'Guesso
BP 2874 Brazzaville
harmattan.congo@yahoo.fr

L'Harmattan Mali
Sirakoro-Meguetana V31
Bamako
syllaka@yahoo.fr

L'Harmattan Togo
Djidjole – Lomé
Maison Amela
face EPP BATOME
ddamela@aol.com

L'Harmattan Côte d'Ivoire
Résidence Karl – Cité des Arts
Abidjan-Cocody
03 BP 1588 Abidjan
espace_harmattan.ci@hotmail.fr

L'Harmattan Algérie
22, rue Moulay-Mohamed
31000 Oran
info2@harmattan-algerie.com

L'Harmattan Maroc
5, rue Ferrane-Kouicha, Talaâ-Elkbira
Chrableyine, Fès-Médine
30000 Fès
harmattan.maroc@gmail.com

Nos librairies en France

Librairie internationale
16, rue des Écoles – 75005 Paris
librairie.internationale@harmattan.fr
01 40 46 79 11
www.librairieharmattan.com

Librairie l'Espace Harmattan
21 bis, rue des Écoles – 75005 Paris
librairie.espace@harmattan.fr
01 43 29 49 42

Lib. sciences humaines & histoire
21, rue des Écoles – 75005 Paris
librairie.sh@harmattan.fr
01 46 34 13 71
www.librairieharmattansh.com

Lib. Méditerranée & Moyen-Orient
7, rue des Carmes – 75005 Paris
librairie.mediterranee@harmattan.fr
01 43 29 71 15

Librairie Le Lucernaire
53, rue Notre-Dame-des-Champs – 75006 Paris
librairie@lucernaire.fr
01 42 22 67 13

www.ingramcontent.com/pod-product-compliance
Lightning Source LLC
LaVergne TN
LVHW010939061026
849535LV00007B/2477
9782343206479